Gemeinsames Leben

Dietrich Bonhoeffer

Impressum

1. Auflage 2018
Umschlaggestaltung: Raphael Maier
Text: Dietrich Bonhoeffer
ISBN: 9781731192585
Verlag: Communio Sanctorum
www.communio-sanctorum.de

INHALT

VORWORT

Es liegt im Wesen der behandelten Sache, dass sie nur in gemeinsamer Arbeit gefördert werden kann. Da es sich nicht um eine Angelegenheit privater Zirkel, sondern um eine der Kirche gestellte Aufgabe handelt, geht es auch nicht um mehr oder weniger zufällige Einzellösungen, sondern um eine gemeinsame kirchliche Verantwortung. Die begreifliche Zurückhaltung in der Behandlung dieser kaum neu erfassten Aufgabe muss allmählich einer kirchlichen Bereitschaft zur Mithilfe weichen. Die Mannigfaltigkeit neuer kirchlicher Gemeinschaftsformen macht die wachsame Mitarbeit aller Verantwortlichen nötig. Nur ein einzelner Beitrag zu der umfassenden Frage und möglichst auch eine Hilfe zur Klärung und zur Praxis möchte die folgende Ausführung sein.

GEMEINSCHAFT

Siehe, wie fein und lieblich ist es, dass Brüder einträchtig beieinander wohnen" (Ps 133,1). Wir wollen im Folgenden einige Weisungen und Regeln betrachten, die uns die Heilige Schrift für das gemeinsame Leben unter dem Wort gibt.

Es ist nichts Selbstverständliches für den Christen, dass er unter Christen leben darf. Jesus Christus lebte mitten unter seinen Feinden. Zuletzt verließen ihn alle Jünger. Am Kreuz war er ganz allein, umgeben von Übeltätern und Spöttern. Dazu war er gekommen, dass er den Feinden Gottes den Frieden brachte. So gehört auch der Christ nicht in die Abgeschiedenheit eines klösterlichen Lebens, sondern mitten unter die Feinde. Dort hat er seinen Auftrag, seine Arbeit. „Die Herrschaft soll sein inmitten deiner Feinde. Und wer das nicht leiden will, der will nicht sein von der Herrschaft Christi, sondern er will inmitten von Freunden sein, in den Rosen und Lilien sitzen, nicht bei bösen, sondern bei frommen Leuten sein. O ihr Gotteslästerer und Christi Verräter! Wenn Christus getan hätte als ihr tut, wer wäre immer selig geworden?“ (Luther)

„Ich will sie unter die Völker säen, dass sie in fernen Landen mein gedenken“ (Sach 10,9). Ein zerstreutes Volk ist die Christenheit nach Gottes Willen, ausgestreut wie ein Same, unter alle Reiche auf Erden“ (5Mose 28,25). Das ist ihr Fluch und ihre Verheißung. In fernen Landen, unter den Ungläubigen muss Gottes Volk leben, aber es wird der Same des Reiches Gottes in aller Welt sein.

„Und ich will sie sammeln, denn ich will sie erlösen“, „sie sollen wiederkommen“ (Sach 10,8.9). Wann wird das geschehen? Es ist geschehen in Jesus Christus, der starb, dass „er zusammenbrachte die Kinder Gottes, die zerstreut waren“ (Joh 11,52), und es wird zuletzt sichtbar geschehen am Ende der Zeit, wenn die Engel Gottes die Auserwählten sammeln werden von den vier Winden, von einem Ende des Himmels bis zum andern (Mt 24,51). Bis dahin bleibt Gottes Volk in der Zerstreuung, zusammengehalten allein in Jesus Christus, eins geworden darin, dass sie, ausgesät unter die Ungläubigen, in fernen Landen *Seiner* gedenken.

So ist es in der Zeit zwischen dem Tod Christi und dem Jüngsten Tag nur wie eine gnädige Vorwegnahme der letzten Dinge, wenn Christen schon hier in sichtbarer Gemeinschaft mit andern Christen leben dürfen. Es ist Gottes Gnade, dass sich eine Gemeinde in dieser Welt sichtbar um Gottes Wort und Sakrament versammeln darf. Nicht alle Christen haben an dieser Gnade teil. Die Gefangenen, die Kranken, die

Einsamen in der Zerstreuung, die Verkündiger des Evangeliums in heidnischem Lande stehen allein. Sie wissen, dass sichtbare Gemeinschaft Gnade ist. Sie beten mit dem Psalmsänger: „denn ich wollte gern hingehen mit dem Haufen und mit ihnen wallen zum Hause Gottes mit Frohlocken und Danken unter dem Haufen derer, die da feiern“(Ps 42,5). Aber sie bleiben allein, in fernen Landen ein ausgestreuter Same nach Gottes Willen. Doch was ihnen als sichtbare Erfahrung versagt bleibt, das ergreifen sie umso sehnlicher im Glauben. So feiert der verbannte Jünger des Herrn, Johannes der Apokalyptiker in der Einsamkeit der Insel Patmos „im Geiste am Tage des Herrn“ (Offb 1,10) den himmlischen Gottesdienst mit seinen Gemeinden. Er sieht die sieben Leuchter, das sind seine Gemeinden, die sieben Sterne, das sind die Engel der Gemeinden, und in der Mitte und über dem allen den Menschensohn, Jesus Christus, in der großen Herrlichkeit des Auferstandenen. Der stärkt und tröstet ihn durch sein Wort. Das ist die himmlische Gemeinschaft, an der der Verbannte am Auferstehungstage seines Herrn teilnimmt.

Die leibliche Gegenwart anderer Christen ist dem Gläubigen eine Quelle unvergleichlicher Freude und Stärkung. In großem Verlangen ruft der gefangene Apostel Paulus „seinen lieben Sohn im Glauben“ Timotheus in den letzten Tagen seines Lebens zu sich ins Gefängnis, er will ihn wiedersehen und bei sich haben. Die Tränen des Timotheus, die beim letzten Abschied geflossen waren, hat Paulus nicht vergessen (2Tim 1,4). Im Gedanken an die Gemeinde in Thessalonich betet Paulus „Tag und Nacht gar sehr darum, dass ich sehen möge euer Angesicht“ (1Thess 3,10), und der alte Johannes weiß, dass seine Freude an den Seinen erst vollkommen sein wird, wenn er zu ihnen kommen kann und mündlich mit ihnen reden statt mit Briefen und Tinte (2Joh 12). Es bedeutet keine Beschämung für den Gläubigen, als sei er noch gar zu sehr im Fleische, wenn es ihn nach dem leiblichen Antlitz anderer Christen verlangt. Als Leib ist der Mensch erschaffen, im Leibe erschien der Sohn Gottes um unsertwillen auf Erden, im Leibe wurde er auferweckt, im Leibe empfängt der Gläubige den Herrn Christus im Sakrament, und die Auferstehung der Toten wird die vollendete Gemeinschaft der geistleiblichen Geschöpfe Gottes herbeiführen. Über der leiblichen Gegenwart des Bruders preist darum der Gläubige den Schöpfer, den Versöhner und den Erlöser, Gott Vater, Sohn und Heiligen Geist. Der Gefangene, der Kranke, der Christ in der Zerstreuung erkennt in der Nähe des christlichen Bruders ein leibliches Gnadenzeichen der Gegenwart des dreieinigen Gottes. Besucher und Besuchter erkennen in der Einsamkeit aneinander den Christus, der im Leibe gegenwärtig ist, sie empfangen und begegnen einander, wie man dem Herrn begegnet, in Ehrfurcht, in Demut und Freude. Sie nehmen voneinander den Segen als den Segen des Herrn Jesus Christus. Liegt aber schon so viel Seligkeit in einer einzigen Begegnung des Bruders mit dem Bruder, welch unerschöpflicher Reichtum muss sich dann für die auftun, die nach Gottes Willen in täglicher Gemeinschaft des Lebens mit andern Christen zu leben gewürdigt sind! Freilich, was für den Einsamen unaussprechliche Gnade Gottes ist, wird von dem täglich Beschenkten leicht missachtet und zertreten. Es wird leicht vergessen, dass die Gemeinschaft christlicher Brüder ein Gnadengeschenk aus dem Reiche Gottes ist, das uns täglich genommen werden kann, dass es nur eine kurze Zeit sein mag, die uns noch von der tiefsten Einsamkeit trennt. Darum, wer bis zur Stunde ein gemeinsames christliches Leben mit andern Christen führen darf, der preise Gottes Gnade aus tiefstem Herzen, der danke Gott auf Knien und erkenne: Es ist Gnade, nichts als Gnade, dass wir heute noch in der Gemeinschaft christlicher Brüder leben dürfen.

Das Maß, in dem Gott die Gabe der sichtbaren Gemeinschaft schenkt, ist verschieden. Den Christen in der Zerstreuung tröstet ein kurzer Besuch des christlichen Bruders, ein gemeinsames Gebet und der brüderliche Segen, ja ihn stärkt der Brief, den die Hand eines Christen schrieb. Der eigenhändig geschriebene Gruß des Paulus in seinen Briefen war doch wohl auch ein Zeichen solcher Gemeinschaft. Andern ist die sonntägliche Gemeinschaft des Gottesdienstes geschenkt. Wieder andere dürfen ein christliches Leben in der Gemeinschaft ihrer Familie leben. Junge Theologen empfangen vor ihrer Ordination das Geschenk gemeinsamen Lebens mit ihren Brüdern für eine bestimmte Zeit. Unter ernsten Christen der Gemeinde erwacht heute das Verlangen, sich in den Ruhepausen ihrer Arbeit für einige Zeit mit andern Christen zu gemeinsamem Leben unter dem Wort zusammenzufinden. Gemeinsames Leben wird von den heutigen Christen wieder als die Gnade begriffen, die es ist, als das Außerordentliche, als die „Rosen und Lilien“ des christlichen Lebens (Luther).

Christliche Gemeinschaft heißt Gemeinschaft durch Jesus Christus und in Jesus Christus. Es gibt keine christliche Gemeinschaft, die mehr, und keine, die weniger wäre als dieses. Von der kurzen einmaligen Begegnung bis zur langjährigen täglichen Gemeinschaft ist christliche Gemeinschaft nur dieses. Wir gehören einander allein durch und in Jesus Christus.

Was heißt das? Es heißt *erstens,* dass ein Christ den andern braucht um Jesu Christi willen. Es heißt *zweitens,* dass ein Christ zum andern nur durch Jesus Christus kommt. Es heißt *drittens,* dass wir in Jesus Christus von Ewigkeit her erwählt, in der Zeit angenommen und für die Ewigkeit vereinigt sind.

Zum ersten: Christ ist der Mensch, der sein Heil, seine Rettung, seine Gerechtigkeit nicht mehr bei sich selbst sucht, sondern bei Jesus Christus allein. Er weiß, Gottes Wort in Jesus Christus spricht ihn schuldig, auch wenn er nichts von eigener Schuld spürt, und Gottes Wort in Jesus Christus spricht ihn frei und gerecht, auch wenn er nichts von eigener Gerechtigkeit fühlt. Der Christ lebt nicht mehr aus sich selbst, aus seiner eigenen Anklage und seiner eigenen Rechtfertigung, sondern aus Gottes Anklage und Gottes Rechtfertigung. Er lebt ganz aus Gottes Wort über ihn, in der gläubigen Unterwerfung unter Gottes Urteil, ob es ihn schuldig oder ob es ihn gerecht spricht. Tod und Leben des Christen liegen nicht in ihm selbst beschlossen, sondern er findet beides allein in dem Wort, das von außen auf ihn zukommt, in Gottes Wort an ihn. Die Reformatoren haben es so ausgedrückt: Unsere Gerechtigkeit ist eine „fremde Gerechtigkeit", eine Gerechtigkeit von außen her (extra nos). Damit haben sie gesagt, dass der Christ angewiesen ist auf das Wort Gottes, das ihm gesagt wird. Er ist nach außen, auf das auf ihn zukommende Wort ausgerichtet. Der Christ lebt ganz von der Wahrheit des Wortes Gottes in Jesus Christus. Wird er gefragt: Wo ist dein Heil, deine Seligkeit, deine Gerechtigkeit? so kann er niemals auf sich selbst zeigen, sondern er weist auf das Wort Gottes in Jesus Christus, das ihm Heil, Seligkeit, Gerechtigkeit zuspricht. Nach diesem Worte hält er Ausschau, woher nur kann. Weil es ihn täglich hungert und dürstet nach der Gerechtigkeit, darum verlangt er immer wieder nach dem erlösenden Worte. Nur von außen kann es kommen. In sich selbst ist er arm und tot. Von außen muss die Hilfe kommen, und sie ist gekommen und kommt täglich neu in dem Wort von Jesus Christus, das uns Erlösung, Gerechtigkeit, Unschuld und Seligkeit bringt. Dieses Wort aber hat Gott in den Mund von Menschen gegeben, damit es weitergesagt werde unter den Menschen. Wo einer von ihm getroffen ist, da sagt er es dem andern. Gott hat gewollt, dass wir sein lebendiges Wort suchen und finden sollen im Zeugnis des Bruders, in Menschenmund. Darum braucht der Christ den Christen, der ihm Gottes Wort sagt, er braucht ihn immer wieder, wenn er ungewiss und verzagt wird; denn aus sich selbst kann er sich nicht helfen, ohne sich um die Wahrheit zu betrügen. Er braucht den Bruder als Träger und Verkündiger des göttlichen Heilswortes. Er braucht den Bruder allein um Jesu Christi willen. Der Christus im eigenen Herzen ist schwächer als der Christus im Worte des Bruders; jener ist ungewiss, dieser ist gewiss. Damit ist zugleich das Ziel aller Gemeinschaft der Christen deutlich: Sie begegnen einander als Bringer der Heilsbotschaft. Als solche lässt Gott sie zusammenkommen und schenkt ihnen Gemeinschaft. Allein durch Jesus Christus und die „fremde Gerechtigkeit" ist ihre Gemeinschaft begründet. Wir dürfen nun also sagen: aus der biblischen und reformatorischen Botschaft von der Rechtfertigung des Menschen aus Gnaden allein entspringt die Gemeinschaft der Christen, in ihr allein liegt das Verlangen der Christen nacheinander begründet.

Zum zweiten: Ein Christ kommt zum andern nur durch Jesus Christus. Unter den Menschen ist Streit. „Er ist unser Friede"(Eph 2,14) sagt Paulus von Jesus Christus, in dem die alte zerrissene Menschheit eins geworden ist. Ohne Christus ist Unfriede zwischen Gott und den Menschen und zwischen Mensch und Mensch. Christus ist der Mittler geworden und hat Frieden gemacht mit Gott und unter den Menschen. Ohne Christus kennten wir Gott nicht, könnten wir ihn nicht anrufen, nicht zu ihm kommen. Ohne Christus aber kennten wir auch den Bruder nicht und könnten nicht zu ihm kommen. Der Weg ist versperrt durch das eigene Ich. Christus hat den Weg zu Gott und zum Bruder freigemacht. Nun können Christen miteinander in Frieden leben, sie können einander lieben und dienen, sie können eins werden. Aber sie können es auch fortan nur durch Jesus Christus hindurch. Nur in Jesus Christus sind wir eins, nur durch ihn sind wir miteinander verbunden. Er bleibt in Ewigkeit der einzige Mittler.

Zum dritten: Als Gottes Sohn Fleisch annahm, da hat er aus lauter Gnade unser Wesen, unsere Natur, uns selbst wahrhaftig und leibhaftig angenommen. So war es der ewige Ratschluss des dreieinigen Gottes.

Nun sind wir in ihm. Wo er ist, trägt er unser Fleisch, trägt er uns. Wo er ist, dort sind wir auch, in der Menschwerdung, im Kreuz und in seiner Auferstehung. Wir gehören zu ihm, weil wir in ihm sind. Darum nennt uns die Schrift den Leib Christi. Sind wir aber, ehe wir es wissen und wollen konnten, mit der ganzen Gemeinde in Jesus Christus erwählt und angenommen, so gehören wir auch miteinander in Ewigkeit zu ihm. Die wir hier in seiner Gemeinschaft leben, werden einst in ewiger Gemeinschaft bei ihm sein. Wer seinen Bruder ansieht, soll wissen, dass er ewig mit ihm vereinigt sein wird in Jesus Christus. Christliche Gemeinschaft heißt Gemeinschaft durch und in Jesus Christus. Auf dieser Voraussetzung ruht alles, was die Schrift an Weisungen und Regeln für das gemeinsame Leben der Christen gibt.

„Von der brüderlichen Liebe aber ist nicht not, euch zu schreiben; denn ihr seid selbst von Gott gelehrt, euch untereinander zu lieben … wir ermahnen euch aber, liebe Brüder, dass ihr noch völliger werdet“ (1Thess 4,9f). Den Unterricht in der brüderlichen Liebe hat Gott selbst übernommen; alles, was hier noch von Menschen hinzugefügt werden kann, ist die Erinnerung an jene göttliche Unterweisung und die Ermahnung, noch völliger darin zu bestehen. Als Gott uns barmherzig wurde, als er uns Jesus Christus als den Bruder offenbarte, als er uns das Herz durch Seine Liebe abgewann, da begann zu gleicher Zeit der Unterricht in der brüderlichen Liebe. War Gott uns barmherzig, so lernten wir zugleich die Barmherzigkeit mit unsern Brüdern. Empfingen wir Vergebung statt Gericht, so waren wir zur brüderlichen Vergebung bereit gemacht. Was Gott an uns tat, das waren wir nun unserm Bruder schuldig. Je mehr wir empfangen hatten, desto mehr konnten wir geben, und je ärmer unsere Bruderliebe, desto weniger lebten wir offenbar aus Gottes Barmherzigkeit und Liebe. So lehrte uns Gott selbst, einander so zu begegnen, wie Gott uns in Christus begegnet ist. „Nehmet euch untereinander auf, gleich wie euch Christus aufgenommen hat zu Gottes Lobe“ (Röm 15,7).

Von hier aus lernt nun der, den Gott in ein gemeinsames Leben mit andern Christen hineingestellt hat, was es heißt, Brüder zu haben. „Brüder im Herrn“ nennt Paulus seine Gemeinde (Phil 1,14). Bruder ist einer dem andern allein durch Jesus Christus. Ich bin dem andern ein Bruder durch das, was Jesus Christus für mich und an mir getan hat; der andere ist mir zum Bruder geworden durch das, was Jesus Christus für ihn und an ihm getan hat. Dass wir allein durch Jesus Christus Brüder sind, das ist eine Tatsache von unermesslicher Bedeutung. Also nicht der ernste, nach Bruderschaft verlangende, fromme Andere, der mir gegenübertritt, ist der Bruder, mit dem ich es in der Gemeinschaft zu tun bekomme; sondern Bruder ist der von Christus erlöste, von seiner Sünde freigesprochene, zum Glauben und zum ewigen Leben berufene Andere. Was einer als Christ in sich ist, in aller Innerlichkeit und Frömmigkeit, vermag unsere Gemeinschaft nicht zu begründen, sondern was einer von Christus her ist, ist für unsere Bruderschaft bestimmend. Unsere Gemeinschaft besteht allein in dem, was Christus an uns beiden getan hat, und das ist nicht nur im Anfang so, sodass im Laufe der Zeit noch etwas anderes zu dieser unserer Gemeinschaft hinzukäme, sondern es bleibt so in alle

Zukunft und in alle Ewigkeit. Gemeinschaft mit dem Andern habe ich und werde ich haben allein durch Jesus Christus. Je echter und tiefer unsere Gemeinschaft wird, desto mehr wird alles andere zwischen uns zurücktreten, desto klarer und reiner wird zwischen uns einzig und allein Jesus Christus und sein Werk lebendig werden. Wir haben einander nur durch Christus, aber durch Christus *haben* wir einander auch wirklich, haben wir uns ganz für alle Ewigkeit.

Das gibt allem trüben Verlangen nach Mehr von vornherein den Abschied. Wer mehr haben will als das, was Christus zwischen uns gestiftet hat, der will nicht christliche Bruderschaft, der sucht irgendwelche außerordentlichen Gemeinschaftserlebnisse, die ihm anderswo versagt blieben, der trägt in die christliche Bruderschaft unklare und unreine Wünsche hinein. An eben dieser Stelle droht der christlichen Bruderschaft meist schon ganz am Anfang die allerschwerste Gefahr, die innerste Vergiftung, nämlich durch die Verwechslung von christlicher Bruderschaft mit einem Wunschbild frommer Gemeinschaft, durch Vermischung des natürlichen Verlangens des frommen Herzens nach Gemeinschaft mit der geistlichen Wirklichkeit der christlichen Bruderschaft. Es liegt für die christliche Bruderschaft alles daran, dass es vom ersten Anfang an deutlich werde: *Erstens, christliche Bruderschaft ist kein Ideal, sondern eine göttliche Wirklichkeit. Zweitens, christliche Bruderschaft ist eine pneumatische und nicht eine psychische Wirklichkeit.*

Unzählige Male ist eine ganze christliche Gemeinschaft daran zerbrochen, dass sie aus einem Wunschbild heraus lebte. Gerade der ernsthafte Christ, der zum ersten Male in eine christliche Lebensgemeinschaft gestellt ist, wird oft ein sehr bestimmtes Bild von der Art des christlichen Zusammenlebens mitbringen und zu verwirklichen bestrebt sein. Es ist aber Gottes Gnade, die alle derartigen Träume rasch zum Scheitern bringt. Die große Enttäuschung über die andern, über die Christen im Allgemeinen und, wenn es gut geht, auch über uns selbst, muss uns überwältigen, so gewiss Gott uns zur Erkenntnis echter christlicher Gemeinschaft führen will. Gott lässt es aus lauter Gnade nicht zu, dass wir auch nur wenige Wochen in einem Traumbild leben, uns jenen beseligenden Erfahrungen und jener beglückenden Hochgestimmtheit hingeben, die wie ein Rausch über uns kommt. Denn Gott ist nicht ein Gott der Gemütserregungen, sondern der Wahrheit. Erst die Gemeinschaft, die in die große Enttäuschung hineingerät mit all ihren unerfreulichen und bösen Erscheinungen, fängt an zu sein, was sie vor Gott sein soll, fängt an, die ihr gegebene Verheißung im Glauben zu ergreifen. Je bälder die Stunde dieser Enttäuschung über den Einzelnen und über die Gemeinschaft kommt, desto besser für beide. Eine Gemeinschaft aber, die eine solche Enttäuschung nicht ertragen und nicht überleben würde, die also an dem Wunschbild festhält, wenn es ihr zerschlagen werden soll, verliert zur selben Stunde die Verheißung christlicher Gemeinschaft auf Bestand, sie muss früher oder später zerbrechen. Jedes menschliche Wunschbild, das in die christliche Gemeinschaft mit eingebracht wird, hindert die echte Gemeinschaft und muss zerbrochen werden, damit die echte Gemeinschaft leben kann. Wer seinen Traum von einer christlichen Gemeinschaft mehr liebt als die christliche Gemeinschaft selbst, der wird zum Zerstörer jeder christlichen Gemeinschaft, und ob er es persönlich noch so ehrlich, noch so ernsthaft und hingebend meinte.

Gott hasst die Träumerei; denn sie macht stolz und anspruchsvoll. Wer sich das Bild einer Gemeinschaft erträumt, der fordert von Gott, von dem andern und von sich selbst die Erfüllung. Er tritt als Fordernder in die Gemeinschaft der Christen, richtet ein eigenes Gesetz auf und richtet danach die Brüder und Gott selbst. Er steht hart und wie ein lebendiger Vorwurf für alle andern im Kreis der Brüder. Er tut, als habe er erst die christliche Gemeinschaft zu schaffen, als solle sein Traumbild die Menschen verbinden. Was nicht nach seinem Willen geht, nennt er Versagen. Wo sein Bild zunichtewird, sieht er die Gemeinschaft zerbrechen. So wird er erst zum Verkläger seiner Brüder, dann zum Verkläger Gottes und zuletzt zu dem verzweifelten Verkläger seiner selbst. Weil Gott den einzigen Grund unserer Gemeinschaft schon gelegt hat, weil Gott uns längst, bevor wir in das gemeinsame Leben mit andern Christen eintraten, mit diesen zu einem Leibe zusammengeschlossen hat in Jesus Christus, darum treten wir nicht als die Fordernden, sondern als die Dankenden und Empfangenden in das gemeinsame Leben mit andern Christen ein. Wir danken Gott für das, was er an uns getan hat. Wir danken Gott, dass er uns Brüder gibt, die unter seinem Ruf, unter seiner Vergebung, unter seiner Verheißung leben. Wir beschweren uns nicht über das, was Gott uns nicht gibt, sondern wir danken Gott für das, was er uns täglich gibt. Und ist es nicht genug, was uns gegeben ist: Brüder, die in Sünde und Not mit uns unter dem Segen seiner Gnade dahingehen und leben sollen? Ist denn die Gabe Gottes an irgendeinem Tage, auch in den schwierigen, notvollen Tagen einer christlichen Bruderschaft weniger als dies unbegreiflich Große? Ist denn nicht auch dort, wo Sünde und Missverstehen das gemeinsame Leben belasten, ist nicht auch der sündigende Bruder doch immer noch der Bruder, mit dem ich gemeinsam unter dem Wort Christi stehe, und wird seine Sünde mir nicht zu immer neuem Anlass, dafür zu danken, dass wir beide unter der einen vergebenden Liebe Gottes in Jesus Christus leben dürfen? Wird so nicht gerade die Stunde der großen Enttäuschung über den Bruder mir unvergleichlich heilsam sein, weil sie mich gründlich darüber belehrt, dass wir beide doch niemals von eigenen Worten und Taten, sondern allein von dem einen Wort und der einen Tat leben können, die uns in Wahrheit verbindet, nämlich von der Vergebung der Sünden in Jesus Christus? Wo die Frühnebel der Traumbilder fallen, dort bricht der helle Tag christlicher Gemeinschaft an.

Es geht in der christlichen Gemeinschaft mit dem Danken wie sonst im christlichen Leben. Nur wer für das Geringe dankt, empfängt auch das Große. Wir hindern Gott, uns die großen geistlichen Gaben, die er für uns bereit hat, zu schenken, weil wir für die täglichen Gaben nicht danken. Wir meinen, wir dürften uns mit dem kleinen Maß uns geschenkter geistlicher Erkenntnis, Erfahrung, Liebe nicht zufriedengeben und hätten immer nur begehrlich nach den großen Gaben auszuschauen. Wir beklagen uns dann darüber, dass es uns an der großen Gewissheit, an dem starken Glauben, an der reichen Erfahrung fehle, die Gott doch andern Christen geschenkt habe, und wir halten diese Beschwerden für fromm. Wir beten um die großen Dinge und vergessen, für die täglichen, kleinen (und doch wahrhaftig nicht kleinen!) Gaben zu danken. Wie kann aber Gott dem Großes anvertrauen, der das Geringe nicht dankbar aus seiner Hand nehmen will? Danken wir nicht täglich für die christliche Gemeinschaft, in die wir gestellt sind, auch dort, wo keine große Erfahrung, kein spürbarer Reichtum, sondern wo viel Schwäche, Kleinglaube, Schwierigkeit ist, beklagen wir uns vielmehr bei Gott immer nur darüber, dass alles noch so armselig, so gering ist, so gar nicht dem entspricht, was wir erwartet haben, so hindern wir Gott, unsere Gemeinschaft wachsen zu lassen nach dem Maß und Reichtum, der in Jesus Christus für uns alle bereitliegt. Das gilt in besonderer Weise auch für die oft gehörte Klage von Pastoren und eifrigen Gemeindegliedern über ihre Gemeinden. Ein Pastor soll nicht über seine Gemeinde klagen, schon gar nicht vor Menschen, aber auch nicht vor Gott; nicht dazu ist ihm eine Gemeinde anvertraut, dass er vor Gott und Menschen zu ihrem Verkläger werde. Wer an einer christlichen Gemeinschaft, in die er gestellt ist, irre wird und Anklage gegen sie erhebt, der prüfe sich zuerst, ob es nicht eben nur sein Wunschbild ist, das ihm hier von Gott zerschlagen werden soll, und findet er es so, dann danke er Gott, der ihn in diese Not geführt hat. Findet er es aber anders, dann hüte er sich doch, jemals zum Verkläger der Gemeinde Gottes zu werden; sondern er klage vielmehr sich selbst seines Unglaubens an, der bitte Gott um Erkenntnis seines eigenen Versagens und seiner besonderen Sünde, der bete darum, dass er nicht schuldig werde an seinen Brüdern, der tue in der Erkenntnis eigener Schuld Fürbitte für seine Brüder,

der tue, was ihm aufgetragen ist und danke Gott.

Es ist mit der christlichen Gemeinschaft wie mit der Heiligung der Christen. Sie ist ein Geschenk Gottes, auf das wir keinen Anspruch haben. Wie es um unsere Gemeinschaft, wie es um unsere Heiligung wirklich bestellt ist, das weiß allein Gott. Was uns schwach und gering erscheint, das kann bei Gott groß und herrlich sein. Wie der Christ sich nicht dauernd den Puls seines geistlichen Lebens fühlen soll, so ist uns auch die christliche Gemeinschaft von Gott nicht dazu geschenkt, dass wir fortgesetzt ihre Temperatur messen. Je dankbarer wir täglich empfangen, was uns gegeben ist, desto gewisser und gleichmäßiger wird die Gemeinschaft von Tag zu Tag zunehmen und wachsen nach Gottes Wohlgefallen.

Christliche Bruderschaft ist nicht ein Ideal, das wir zu verwirklichen hätten, sondern es ist eine von Gott in Christus geschaffene Wirklichkeit, an der wir teilhaben dürfen: Je klarer wir den Grund und die Kraft und die Verheißung aller unserer Gemeinschaft allein an Jesus Christus erkennen lernen, desto ruhiger lernen wir auch über unsere Gemeinschaft denken und für sie beten und hoffen.

Weil christliche Gemeinschaft allein auf Jesus Christus begründet ist, darum ist sie eine pneumatische und nicht eine psychische Wirklichkeit. Sie unterscheidet sich darin von allen anderen Gemeinschaften schlechthin. Pneumatisch = „geistlich“ nennt die Heilige Schrift, was allein der Heilige Geist schafft, der uns Jesus Christus als Herrn und Heiland ins Herz gibt. Psychisch = „seelisch“ nennt die

Schrift, was aus den natürlichen Trieben, Kräften und Anlagen der menschlichen Seele kommt.

Der Grund aller pneumatischen Wirklichkeit ist das klare, offenbare Wort Gottes in Jesus Christus. Der Grund aller psychischen Wirklichkeit ist das dunkle, undurchsichtige Treiben und Verlangen der menschlichen Seele. Der Grund geistlicher Gemeinschaft ist die Wahrheit, der Grund seelischer Gemeinschaft ist das Begehren. Das Wesen geistlicher Gemeinschaft ist das Licht – „denn Gott ist Licht und in ihm ist keine Finsternis“ (1Joh 1,5) und „so wir im Lichte wandeln, wie er im Lichte ist, so haben wir Gemeinschaft untereinander“ (1Joh 1,7). Das Wesen seelischer Gemeinschaft ist Finsternis – „denn von innen, aus dem Herzen des Menschen, gehen heraus böse Gedanken“ (Mk 7,21). Es ist die tiefe Nacht, die über die Ursprünge alles menschlichen Wirkens und gerade auch alle edlen und frommen Triebe gebreitet ist. Geistliche Gemeinschaft ist die Gemeinschaft der von Christus Berufenen, seelisch ist die Gemeinschaft der frommen Seelen. In der geistlichen Gemeinschaft lebt die helle Liebe des brüderlichen Dienstes, die Agape, in der seelischen Gemeinschaft glüht die dunkle Liebe des frommen-unfrommen Triebes, der Eros, dort ist geordneter, brüderlicher Dienst, hier das ungeordnete Verlangen nach Genuss, dort die demütige Unterwerfung unter den Bruder, hier die demütighochmütige Unterwerfung des Bruders unter das eigene Verlangen. In der geistlichen Gemeinschaft regiert allein das Wort Gottes, in der seelischen Gemeinschaft regiert neben dem Wort noch der mit besonderen Kräften, Erfahrungen, suggestivmagischen Anlagen ausgestattete Mensch. Dort bindet allein

Gottes Wort, hier binden außerdem noch Menschen an sich selbst. Dort ist alle Macht, Ehre und Herrschaft dem Heiligen Geist übergeben, hier werden Macht und Einflusssphären persönlicher Art gesucht und gepflegt, gewiss, sofern es sich um fromme Menschen handelt, in der Absicht, dem Höchsten und Besten zu dienen, aber in Wahrheit doch, um den Heiligen Geist zu entthronen, ihn in unwirkliche Ferne zu rücken. Wirklich bleibt eben hier nur das Seelische. So regiert dort der Geist, hier die Psychotechnik, die Methode, dort die naive, vorpsychologische, vormethodische, helfende Liebe zum Bruder, hier die psychologische Analyse und Konstruktion, dort der demütige, einfältige Dienst am Bruder, hier die erforschende, berechnende Behandlung des fremden Menschen.

Vielleicht wird der Gegensatz zwischen geistlicher und seelischer Wirklichkeit am deutlichsten durch folgende Beobachtung: Innerhalb der geistlichen Gemeinschaft gibt es niemals und in keiner Weise ein „unmittelbares" Verhältnis des Einen zum Andern, während in der seelischen Gemeinschaft ein tiefes, ursprüngliches seelisches Verlangen nach Gemeinschaft, nach unmittelbarer Berührung mit andern menschlichen Seelen, so wie im Fleisch das Verlangen nach der unmittelbaren Vereinigung mit anderem Fleisch lebt. Dies Begehren der menschlichen Seele sucht die völlige Verschmelzung von Ich und Du, sei es, dass dies in der Vereinigung der Liebe, sei es nun, was doch dasselbe ist, dass es in der Vergewaltigung des Andern unter die eigene Macht und Einflusssphäre geschieht. Hier lebt der seelisch Starke sich aus und schafft sich die Bewunderung, die Liebe oder die

Furcht des Schwachen. Menschliche Bindungen, Suggestionen, Hörigkeiten sind hier alles, und im Zerrbild erscheint in der unmittelbaren Gemeinschaft der Seelen alles wieder, was der durch Christus vermittelten Gemeinschaft ursprünglich und allein zu eigen ist.

So gibt es eine „seelische" Bekehrung. Sie tritt mit allen Erscheinungsformen echter Bekehrung dort auf, wo durch bewussten oder unbewussten Missbrauch der Übergewalt eines Menschen ein Einzelner oder eine ganze Gemeinschaft aufs Tiefste erschüttert und in seinen Bann gezogen wird. Hier hat Seele auf Seele unmittelbar gewirkt. Es ist zur Überwältigung des Schwachen durch den Starken gekommen, der Widerstand der Schwächeren ist zusammengebrochen unter dem Eindruck der Person des Andern. Er ist vergewaltigt, aber nicht von der Sache überwunden. Das wird in dem Augenblick offenbar, in dem ein Einsatz für die Sache gefordert wird, der unabhängig von der Person, an die ich gebunden bin, oder möglicherweise im Widerspruch zu ihr geschehen muss. Hier scheitert der seelisch Bekehrte und macht damit sichtbar, dass seine Bekehrung nicht vom Heiligen Geist, sondern von einem Menschen bewirkt wurde und darum keinen Bestand
hat.

Ebenso gibt es eine „seelische" Nächstenliebe. Sie ist zu den unerhörtesten Opfern fähig, sie übertrifft die echte Christusliebe oft weit an brennender Hingabe und an sichtbaren Erfolgen, sie redet die christliche Sprache mit überwältigender, zündender Beredsamkeit. Aber sie ist es, von der der Apostel sagt: „Und wenn ich alle meine Habe den Armen gäbe und ließe meinen Leib verbrennen" – das heißt, wenn ich die äußersten Taten der Liebe mit der äußersten Hingabe verbände – „und hätte der Liebe nicht" (nämlich die Christusliebe), so wäre ich nichts" (1Kor 13,2). Seelische Liebe liebt den Andern um seiner selbst willen, geistliche Liebe liebt den Andern um Christi willen. Darum sucht seelische Liebe die unmittelbare Berührung mit dem Andern, sie liebt ihn nicht in seiner Freiheit, sondern als den an sie Gebundenen, sie will mit allen Mitteln gewinnen, erobern, sie bedrängt den Andern, sie will unwiderstehlich sein, sie will herrschen. Seelische Liebe hält nicht viel von der Wahrheit, sie relativiert sie, weil nichts, auch nicht die Wahrheit, störend zwischen sie und den geliebten Menschen treten darf. Seelische Liebe begehrt den Andern, seine Gemeinschaft, seine Gegenliebe, aber sie dient ihm nicht. Vielmehr begehrt sie auch dort noch, wo sie zu dienen scheint. An zweierlei, das doch ein und dasselbe ist, wird der Unterschied zwischen geistlicher und seelischer Liebe offenbar: Seelische Liebe kann die Aufhebung unwahr gewordener Gemeinschaft um der wahren Gemeinschaft willen nicht ertragen, und seelische Liebe kann den Feind nicht lieben, den nämlich, der sich ihr ernstlich und hartnäckig widersetzt. Beides kommt aus derselben Quelle: Seelische Liebe ist ihrem Wesen nach Begehren, und zwar Begehren nach seelischer Gemeinschaft. Solange sie dies Begehren noch irgendwie befriedigen kann, solange wird sie es nicht aufgeben, auch um der Wahrheit willen nicht, auch um der wahren Liebe zum Andern willen nicht. Wo sie aber für ihr Begehren keine Erfüllung mehr erwarten kann, dort ist sie am Ende, nämlich beim Feind. Hier schlägt sie um in Hass, Verachtung und Verleumdung.

Eben hier aber ist der Ort, an dem die geistliche Liebe anfängt. Darum wird die seelische Liebe zum persönlichen Hass, wo sie der echten geistlichen Liebe begegnet, die nicht begehrt, sondern dient. Seelische Liebe macht sich selbst zum Selbstzweck, zum Werk, zum Götzen, den sie anbetet, dem sie alles unterwerfen muss. Sie pflegt, sie kultiviert, sie liebt sich selbst und sonst nichts auf der Welt. Geistliche Liebe aber kommt von Jesus Christus her, sie dient ihm allein, sie weiß, dass sie keinen unmittelbaren Zugang zum andern Menschen hat. Christus steht zwischen mir und dem Andern. Was Liebe zum Andern heißt, weiß ich nicht schon im Voraus aus dem allgemeinen Begriff von Liebe, der aus meinem seelischen Verlangen erwachsen ist – das alles mag vielmehr vor Christus gerade Hass und böseste Selbstsucht sein –, was Liebe ist, wird mir allein Christus in seinem Wort sagen. Gegen alle eigenen Meinungen und Überzeugungen wird Jesus Christus mir sagen, wie Liebe zum Bruder in Wahrheit aussieht. Darum ist geistliche Liebe allein an das Wort Jesu Christi gebunden. Wo Christus mich um der Liebe willen Gemeinschaft halten heißt, will ich sie halten, wo seine Wahrheit um der Liebe willen mir Aufhebung der Gemeinschaft befiehlt, dort hebe ich sie auf, allen Protesten meiner seelischen Liebe zum Trotz. Weil geistliche Liebe nicht begehrt, sondern dient, darum liebt sie den Feind wie den Bruder. Sie entspringt ja weder am Bruder, noch am Feind, sondern an Christus und seinem Wort. Seelische Liebe vermag die geistliche Liebe niemals zu begreifen; denn geistliche Liebe ist von oben, sie ist aller irdischen Liebe etwas ganz Fremdes,

Neues, Unbegreifliches.

Weil Christus zwischen mir und dem Andern steht, darum darf ich nicht nach unmittelbarer Gemeinschaft mit ihm verlangen. Wie nur Christus so zu mir sprechen konnte, dass mir geholfen war, so kann auch dem Andern nur von Christus selbst geholfen werden. Das bedeutet aber, dass ich den Andern freigeben muss von allen Versuchen, ihn mit meiner Liebe zu bestimmen, zu zwingen, zu beherrschen. In seiner Freiheit von mir will der Andere geliebt sein als der, der er ist, nämlich als der, für den Christus Mensch wurde, starb und auferstand, für den Christus die Vergebung der Sünde erwarb und ein ewiges Leben bereitet hat. Weil Christus an meinem Bruder schon längst entscheidend gehandelt hat, bevor ich anfangen konnte zu handeln, darum soll ich den Bruder freigeben für Christus, er soll mir nur noch als der begegnen, der er für Christus schon ist. Das ist der Sinn des Satzes, dass wir dem Andern nur in der Vermittlung durch Christus begegnen können. Seelische Liebe macht sich ein eigenes Bild vom Andern, von dem, was er ist und von dem, was er werden soll. Sie nimmt das Leben des Andern in die eigenen Hände. Geistliche Liebe erkennt das wahre Bild des Andern von Jesus Christus her, es ist das Bild, das Jesus Christus geprägt hat und prägen will.

Darum wird geistliche Liebe sich darin bewähren, dass sie den Andern in allem, was sie spricht und tut, Christus befiehlt. Sie wird nicht die seelische Erschütterung des Andern zu bewirken suchen durch allzu persönliche, unmittelbare Einwirkung, durch den unreinen Eingriff in das Leben des Andern, sie wird nicht Freude haben an frommer, seelischer Überhitzung und Erregung, sondern sie wird dem Andern mit dem klaren Worte Gottes begegnen und bereit sein, ihn mit diesem Wort lange Zeit allein zu lassen, ihn wieder freizugeben, damit Christus mit ihm handle. Sie wird die Grenze des Andern achten, die durch Christus zwischen uns gesetzt ist, und sie wird die volle Gemeinschaft mit ihm finden in dem Christus, der uns allein verbindet und vereinigt. So wird sie mehr mit Christus von dem Bruder sprechen als mit dem Bruder von Christus. Sie weiß, dass der nächste Weg zum Andern immer durch das Gebet zu Christus führt und dass die Liebe zum Andern ganz an die Wahrheit in Christus gebunden ist. Aus dieser Liebe spricht Johannes, der Jünger. „Ich habe keine größere Freude, denn dass ich höre, dass meine Kinder in der Wahrheit wandeln" (3Joh 4).

Seelische Liebe lebt aus unkontrolliertem und unkontrollierbarem dunklem Begehren, geistliche Liebe lebt in der Klarheit des durch die Wahrheit geordneten Dienstes. Seelische Liebe bewirkt menschliche Knechtung, Bindung, Verkrampfung, geistliche Liebe schafft *Freiheit* der Brüder unter dem Wort. Seelische Liebe züchtet künstliche Treibhausblüten, geistliche Liebe schafft die *Früchte*, die unter dem freien Himmel Gottes in Regen, Sturm und Sonne in aller Gesundheit wachsen nach Gottes Wohlgefallen.

Es ist für jedes christliche Zusammenleben eine Daseinsfrage, dass es gelingt, rechtzeitig das Unterscheidungsvermögen zutage zu fördern zwischen menschlichem Ideal und Gottes Wirklichkeit und zwischen geistlicher und seelischer Gemeinschaft. Es entscheidet über Leben und Tod einer christlichen Gemeinschaft, dass sie in diesen Punkten so bald wie möglich zur Nüchternheit kommt. Mit andern Worten: ein gemeinsames Leben unter dem Wort wird nur dort gesund bleiben, wo es sich nicht als Bewegung, als Orden, als Verein, als collegium pietatis auftut, sondern wo es sich als ein Stück der einen, heiligen, allgemeinen, christlichen Kirche versteht, wo es an Not, Kampf und Verheißung der ganzen Kirche handelnd und leidend teilnimmt. Jedes Ausleseprinzip und jede damit verbundene Absonderung, die nicht ganz sachlich durch gemeinsame Arbeit, durch örtliche Gegebenheiten oder durch familiäre Zusammenhänge bedingt ist, ist für eine christliche Gemeinschaft von größter Gefahr. Auf dem Wege der geistigen oder geistlichen Auslese schleicht sich immer das Seelische wieder ein und bringt die Gemeinschaft um ihre geistliche Kraft und Wirksamkeit für die Gemeinde, treibt sie in die Sektiererei. Der Ausschluss des Schwachen und Unansehnlichen, des scheinbar Unbrauchbaren aus einer christlichen Lebensgemeinschaft kann geradezu den Ausschluss Christi, der in dem armen Bruder an die Tür klopft, bedeuten. Darum sollen wir hier sehr auf der Hut sein.

Man könnte nun bei unscharfer Beobachtung meinen, dass die Vermischung von Ideal und Wirklichkeit, von Seelischem und Geistlichem dort am nächsten liege, wo eine Gemeinschaft in ihrer Struktur mehrschichtig, das heißt also, wo, wie in der Ehe, in der Familie, in der Freundschaft, das Seelische an sich schon eine zentrale Bedeutung für das Zustandekommen der Gemeinschaft überhaupt einnimmt und wo das Geistliche nur noch zu allem Leiblich-

Seelischen hinzutritt. Es sei demnach eigentlich nur in diesen Gemeinschaften eine Gefahr der Verwechslung und Vermischung der beiden Sphären vorhanden, während eine solche bei einer Gemeinschaft rein geistlicher Art kaum eintreten könne. Mit diesen Gedanken befindet man sich jedoch in einer großen Täuschung. Es ist aller Erfahrung und, wie leicht ersichtlich, auch der Sache nach genau umgekehrt. Eine Ehe, Familie, Freundschaft kennt die Grenzen ihrer gemeinschaftsbildenden Kräfte sehr genau; sie weiß, wenn sie gesund ist, sehr wohl, wo das Seelische seine Grenze hat und wo das Geistliche anfängt. Sie weiß um den Gegensatz leiblich-seelischer und geistlicher Gemeinschaft. Umgekehrt aber liegt gerade dort, wo eine Gemeinschaft rein geistlicher Art zusammentritt, die Gefahr unheimlich nahe, dass nun in diese Gemeinschaft alles Seelische mit hineingebracht und mit untermischt wird. Eine rein geistliche Lebensgemeinschaft ist nicht nur gefährlich, sondern auch durchaus eine unnormale Erscheinung. Wo nicht leiblich-familiäre Gemeinschaft oder die Gemeinschaft ernster Arbeit, wo nicht das alltägliche Leben mit allen Ansprüchen an den arbeitenden Menschen in die geistliche Gemeinschaft hineinragt, dort ist besondere Wachsamkeit und Nüchternheit am Platz. Darum breitet sich ja erfahrungsgemäß gerade auf kurzen Freizeiten am allerleichtesten das seelische Moment aus. Nichts ist leichter, als den Rausch der Gemeinschaft in wenigen Tagen gemeinsamen Lebens zu erwecken, und nichts ist verhängnisvoller für die gesunde, nüchterne brüderliche Lebensgemeinschaft im Alltag.

Es gibt wohl keinen Christen, dem Gott nicht

einmal in seinem Leben die beseligende *Erfahrung* echter christlicher Gemeinschaft schenkt. Aber solche Erfahrung bleibt in dieser Welt nichts als gnädige Zugabe über das tägliche Brot christlichen Gemeinschaftslebens hinaus. Wir haben keinen Anspruch auf solche Erfahrungen, und wir leben nicht mit andern Christen zusammen um solcher Erfahrungen willen. Nicht die Erfahrung der christlichen Bruderschaft, sondern der feste und gewisse Glaube an die Bruderschaft hält uns zusammen. Dass Gott an uns allen gehandelt hat und an uns allen handeln will, das ergreifen wir im Glauben als Gottes größtes Geschenk, das macht uns froh und selig, das macht uns aber auch bereit, auf alle Erfahrungen zu verzichten, wenn Gott sie uns zu Zeiten nicht gewähren will. Im Glauben sind wir verbunden, nicht in der Erfahrung.

„Siehe, wie fein und lieblich ist es, wenn Brüder einträchtig beieinander wohnen", das ist der Lobpreis der Heiligen Schrift auf ein gemeinsames Leben unter dem Wort. In rechter Auslegung des Wortes „einträchtig" aber darf es nun heißen: „wenn Brüder durch Christus beieinander wohnen"; denn Jesus Christus allein ist unsere Eintracht. „Er ist unser Friede." Durch ihn allein haben wir Zugang zueinander, Freude aneinander, Gemeinschaft miteinander.

DER GEMEINSAME TAG

Des Morgens, Gott, dich loben wir,
Des Abends auch beten vor dir.
Unser armes Lied rühmt dich
Jetzt und, immer und ewiglich.

(Luther nach Ambrosius)

Lasset das Wort Christi reichlich unter euch wohnen" (Kol 3,16). Der alttestamentliche Tag beginnt mit dem Abend und endet wieder mit dem Sonnenuntergang. Das ist die Zeit der Erwartung. Der Tag der neutestamentlichen Gemeinde beginnt mit der Frühe des Sonnenaufgangs und endet mit dem Anbruch des Lichtes am neuen Morgen. Das ist die Zeit der Erfüllung, der Auferstehung des Herrn. In der Nacht wurde Christus geboren, ein Licht in der Finsternis, der Mittag wurde zur Nacht, als Christus am Kreuze litt und starb, aber in der Frühe des Ostermorgens ging Christus als Sieger aus dem Grabe hervor.

„Früh morgens, da die Sonn' aufgeht, /
mein Heiland Christus aufersteht, /
vertrieben ist der Sünde Nacht, /
Licht, Heil und Leben wiederbracht. Hallelujah!"

So sang die Gemeinde der Reformation. Christus ist die „Sonne der Gerechtigkeit", die der wartenden Gemeinde aufgegangen ist (Mal 4,2), und „die ihn lieb haben, sollen sein, wie die Sonne aufgehet in ihrer Macht" (Ri 5,31). Die Frühe des Morgens gehört der Gemeinde des auferstandenen Christus. Beim Anbruch des Lichtes gedenkt sie des Morgens, an dem Tod, Teufel und Sünde bezwungen darniederlagen, und neues Leben und Heil den Menschen geschenkt ward.

Was wissen wir Heutigen, die wir Furcht und Ehrfurcht vor der Nacht nicht mehr kennen, noch von der großen Freude unserer Väter und der alten Christenheit an der morgendlichen Wiederkehr des Lichtes? Wollen wir wieder etwas lernen von dem Lobpreis, der am frühen Morgen dem dreieinigen Gott gebührt, Gott, dem Vater und Schöpfer, der unser Leben bewahrt hat in der finsteren Nacht und uns aufgeweckt hat zu einem neuen Tag, Gott, dem Sohn und Weltheiland, der für uns Grab und Hölle überwand und als der Sieger mitten unter uns ist, Gott, dem Heiligen Geist, der uns in der Frühe des Morgens Gottes Wort als einen hellen Schein in unser Herz gibt, alle Finsternis und Sünde vertreibt und uns recht beten lehrt,— so werden wir auch ahnen, was für Freude es bedeutet, wenn sich nach vergangener Nacht die Brüder, die einträchtig beieinander wohnen, am frühen Morgen wieder zusammenfinden zum gemeinsamen Lobpreis ihres Gottes, zum gemeinsamen Hören des Wortes und zum gemeinsamen Gebet. Der Morgen gehört nicht dem Einzelnen, er gehört der Gemeinde des dreieinigen Gottes, er gehört der christlichen Hausgemeinschaft, der Bruderschaft. Unerschöpflich sind die alten Lieder, die die Gemeinde zu gemeinsamem Lob Gottes am frühen Morgen aufrufen. So singen die Böhmischen Brüder beim Morgengrauen:

Der Tag vertreibt die finstre Nacht;
ihr lieben Christen, seid munter und wacht,
und lobt Gott, den Herren.
Gedenk, dass dich dein Herre Gott
zu seinem Bild erschaffen hat,
dass du ihn erkenntest

und

Der Tag bricht an und zeiget sich,
o Herre Gott, wir loben dich,
wir danken dir, du höchstes Gut,
dass du die Nacht uns hast behüt.
Wir bitten auch, behüt uns heut,
denn wir sind arme Pilgersleut,
so steh' uns bei, tu' Hilf', bewahr',
dass uns kein Übel widerfahr'

und

Es geht daher des Tages Schein,
o Brüder, lasst uns dankbar sein
dem milden Gott, der uns die Nacht
bewahrt hat gnädig und bewacht.

Wir opfern, Herre Gott, uns dir,
dass unsre Wort, Tat und Begier
wollst leiten du nach deinem Mut,
und unser Werk gerate gut.

Das gemeinsame Leben unter dem Wort beginnt mit dem gemeinsamen Gottesdienst in der Frühe des Tages. Die Hausgemeinschaft versammelt sich zu Lob und Dank, Schriftlesung und Gebet. Die tiefe morgendliche Stille wird erst durch das Gebet und Lied der Gemeinde durchbrochen. Nach dem Schweigen der Nacht und des ersten Morgens wird Lied und Wort Gottes umso vernehmlicher werden. Die Heilige Schrift sagt dazu, dass der erste Gedanke und das erste Wort des Tages Gott gehöre: „Frühe wollest du meine Stimme hören, frühe will ich mich zu dir schicken“ (Ps 5,4), „mein Gebet kommt frühe vor dich“ (Ps 88,14), „mein Herz ist bereit, Gott, mein Herz ist bereit, dass ich singe und lobe. Wache auf, meine Ehre, wache auf, Psalter und Harfe! Mit der Frühe will ich aufwachen!“(Ps 57,8f). Mit anbrechendem Morgen dürstet und verlangt der Gläubige nach Gott: „Ich komme in der Frühe und schreie; auf dein Wort hoffe ich“ (Ps 119,147). „Gott, du bist mein Gott; frühe wache ich zu dir. Es dürstet meine Seele nach dir; mein Fleisch verlangt nach dir in einem trockenen und dürren Lande, da kein Wasser ist“ (Ps 63,2). Die Weisheit Salomos will, „dass es kund würde, dass man, ehe die Sonne aufgeht, dir danken solle und vor dich treten, wenn das Licht aufgehet“ (Ps 16,28), und Jesus Sirach sagt vom Schriftgelehrten insbesondere, dass „er denkt, wie er frühe aufstehe, den Herrn zu suchen, der ihn geschaffen hat und betet vor dem Höchsten“ (Ps 39,6). Auch spricht die

Heilige Schrift von der Morgenzeit als von der Stunde der besonderen Hilfe Gottes. Von der Stadt Gottes heißt es: „Gott hilft ihr früh am Morgen“ (Ps 46,6), und wiederum: „Seine Güte ist alle Morgen neu“ (Klgl 3,23).

Der Anfang des Tages soll für den Christen nicht schon belastet und bedrängt sein durch das Vielerlei des Werktages. Über dem neuen Tag steht der Herr, der ihn gemacht hat. Alle Finsternis und Verworrenheit der Nacht mit ihren Träumen weicht allein dem klaren Licht Jesu Christi und seines erweckenden Wortes. Vor ihm flieht alle Unruhe, alle Unreinheit, alle Sorge und Angst. Darum mögen in der Frühe des Tages die mancherlei Gedanken und die vielen unnützen Worte schweigen, und der erste Gedanke und das erste Wort möge dem gehören, dem unser ganzes Leben gehört. „Wache auf, der du schläfst, stehe auf von den Toten, so wird dich Christus erleuchten!“ (Eph 5,14)

Auffallend oft erinnert uns die Heilige Schrift daran, dass die Männer Gottes frühe aufstanden, um Gott zu suchen und um Gottes Befehl auszuführen, so Abraham, Jakob, Mose, Josua (vgl. 1Mose 19,27; 22,3; 2Mose 8,16; 9,13; 24,4; Jos 3,1; 6,12 u. ö).Von Jesus selbst berichtet das Evangelium, das uns kein überflüssiges Wort sagt: „Des Morgens vor Tage stand er auf und ging hinaus. Und Jesus ging in eine wüste Stätte und betete daselbst“ (Mk 1,35). Es gibt ein Frühaufstehen aus Unruhe und Sorge. Das nennt die Schrift unnütz: „Es ist umsonst, dass ihr frühe aufstehet und esset euer Brot mit Tränen“ (Ps 127,2). Und es gibt ein Frühaufstehen aus Liebe zu Gott. Das übten die Männer der Heiligen Schrift.

Zur *gemeinsamen Andacht* des Morgens gehört Schriftlesung, Lied und Gebet. So mannigfach die Gemeinschaften sind, so mannigfach wird sich die Morgenandacht gestalten. Das muss so sein. Eine Hausgemeinschaft mit Kindern braucht eine andere Andacht als eine Gemeinschaft von Theologen, und es ist keineswegs gesund, wenn sich hier eines an das Andere angleicht, also wenn sich z. B. eine Theologenbruderschaft mit einer Hausandacht für Kinder begnügt. Zu jeder gemeinsamen Andacht aber gehört das *Wort der Schrift, das Lied der Kirche und das Gebet der Gemeinschaft.* Es soll nun hier von einzelnen Stücken der gemeinsamen Andacht gesprochen werden.

„Redet untereinander mit Psalmen“ (Eph 5,19). „Lehret und vermahnet euch selbst mit Psalmen“ (Kol 3,16). Eine besondere Bedeutung ist von alters her in der Kirche dem gemeinsamen Psalmengebet beigelegt worden. In vielen Kirchen steht es bis zur Stunde am Anfang jeder gemeinsamen Andacht. Uns ist es weithin verlorengegangen, und wir müssen den Zugang zum Psalmengebet erst wieder zurückgewinnen. Der Psalter nimmt eine einzigartige Stellung im Ganzen der Heiligen Schrift ein. Er ist Gottes Wort, und er ist zugleich, bis auf wenige Ausnahmen, Gebet des Menschen. Wie ist das zu verstehen? Wie kann Gottes Wort zugleich Gebet zu Gott sein? Zu dieser Frage tritt eine Beobachtung hinzu, die jeder macht, der anfängt, die Psalmen zu beten. Er versucht zunächst, sie persönlich als sein eigenes Gebet nachzusprechen. Bald stößt er dabei auf Stellen, die er von sich aus, als sein persönliches Gebet, nicht glaubt beten zu können. Wir denken etwa an die Unschuldspsalmen, an die Rachepsalmen, teilweise auch an die Leidenspsalmen. Dennoch sind diese Gebete Worte der Heiligen Schrift, die er als gläubiger Christ nicht mit billigen Ausreden als überholt, veraltet, als „religiöse Vorstufe" abtun kann. Er will also das Wort der Schrift nicht meistern und erkennt doch, dass er diese Worte nicht beten kann. Er kann sie als Gebet eines andern lesen, hören, sich darüber wundern, Anstoß daran nehmen, aber er kann sie weder selbst beten, noch auch aus der Heiligen Schrift hinausweisen. Zwar wäre hier praktisch jedes Mal zu sagen, dass in solcher Lage ein jeder sich zunächst an die Psalmen halten soll, die er verstehen und beten kann, und dass er am Lesen der andern Psalmen lernen soll, Unbegreifliches und Schwieriges der Heiligen Schrift ganz schlicht stehen zu lassen und immer wieder zu dem Einfachen und Begreiflichen zurückzukehren. Sachlich aber bedeutet die bezeichnete Schwierigkeit allerdings den Ort, an dem wir den ersten Blick in das Geheimnis des Psalters tun dürfen. Das Psalmengebet, das uns nicht über die Lippen will, vor dem wir stocken und uns entsetzen, lässt es uns ahnen, dass hier ein Anderer der Beter ist als wir selbst, dass der, der hier seine Unschuld beteuert, der Gottes Gericht herbeiruft, der in so unendlich tiefes Leiden gekommen ist, kein anderer ist – als Jesus Christus selbst. Er ist es, der hier betet und nun etwa nicht nur hier, sondern im ganzen Psalter. So hat es das Neue Testament und die Kirche von je her erkannt und bezeugt. Der Mensch Jesus Christus, dem keine Not, keine Krankheit, kein Leid fremd ist und der doch der ganz Unschuldige und Gerechte war, betet im Psalter durch den Mund seiner Gemeinde. Der Psalter ist das Gebetbuch Jesu Christi im eigentlichsten Sinne. Er hat den Psalter gebetet, nun ist er Sein Gebet geworden für alle Zeiten. Wird es jetzt begreiflich, wie der Psalter zugleich Gebet zu Gott und doch Gottes eigenes Wort sein kann, eben weil der betende Christus uns hier begegnet? Jesus Christus betet den Psalter in seiner Gemeinde. Seine Gemeinde betet auch, ja, auch der Einzelne betet, aber er betet eben, sofern Christus in ihm betet, er betet hier nicht im eigenen Namen, sondern im Namen Jesu Christi. Er betet nicht aus dem natürlichen Verlangen seines eigenen Herzens, sondern er betet aus der angenommenen Menschheit Christi, er betet aufgrund des Gebetes des Menschen Jesus Christus. Damit aber hat sein Gebet allein die Verheißung der Erhörung gefunden. Weil Christus das Psalmengebet des Einzelnen und der Gemeinde vor dem himmlischen Thron Gottes mitbetet, vielmehr weil die Betenden hier in das Gebet Jesu Christi mit einfallen, darum dringt ihr Gebet zu Gottes Ohren. Christus ist ihr Fürbitter geworden.

Der Psalter ist das stellvertretende Gebet Christi für seine Gemeinde. Nun, da Christus beim Vater ist, betet die neue Menschheit Christi, betet der Leib Christi auf Erden sein Gebet weiter bis zum Ende der Zeit. Nicht dem einzelnen Gliede, nein, dem ganzen Leib Christi gehört dieses Gebet zu. Nur in ihm als Ganzem lebt all das, wovon der Psalter sagt, was der Einzelne niemals voll begreifen und sein eigen nennen kann. Darum gehört das Psalmengebet in besonderer Weise in die Gemeinschaft. Ist ein Vers oder ein Psalm nicht mein eigenes Gebet, so ist es doch das Gebet eines der andern aus der Gemeinschaft, so ist es ganz gewiss das Gebet des wahren Menschen Jesus

Christus und seines Leibes auf Erden.

Im Psalter lernen wir beten aufgrund des Gebetes Christi. Der Psalter ist die große Schule des Betens überhaupt. Wir lernen hier *erstens,* was beten heißt: aufgrund des Wortes Gottes beten, aufgrund von Verheißungen beten. Christliches Gebet steht auf dem festen Grunde des offenbarten Wortes und hat nichts zu tun mit vagen, selbstsüchtigen Wünschen. Aufgrund des Gebetes des wahren Menschen Jesus Christus beten wir. Das meint die Schrift, wenn sie sagt, dass der Heilige Geist in uns und für uns betet, dass Christus für uns betet, dass wir nur im Namen Jesu Christi recht zu Gott beten können.

Wir lernen aus dem Psalmengebet zweitens, was wir beten sollen. So gewiss der Umfang des Psalmengebets weit über das Maß der Erfahrung des Einzelnen hinausgeht, so betet dieser doch im Glauben das ganze Christusgebet, das Gebet dessen, der wahrer Mensch war und allein das volle Maß der Erfahrungen dieser Gebete hat. Dürfen wir also die Rachepsalmen beten? Wir, insofern wir Sünder sind und mit dem Rachegebet böse Gedanken verbinden, dürfen es nicht, aber wir, sofern Christus in uns ist, der alle Rache Gottes auf sich selbst nimmt, den Gottes Rache traf an unserer Stelle, der so – getroffen von der Rache Gottes – und nicht anders den Feinden vergeben konnte, der selbst die Rache erfuhr, damit seine Feinde frei würden – wir als Glieder dieses Jesus Christus dürfen auch diese Psalmen beten – durch Jesus Christus, aus dem Herzen Jesu Christi. Dürfen wir uns mit dem Psalmenbeter unschuldig, fromm und gerecht nennen? Wir dürfen es nicht als die, die wir von uns aus sind, wir können es nicht als das Gebet unseres verkehrten Herzens, aber wir dürfen und sollen es aus dem Herzen Jesu Christi, das sündlos und rein war, und aus der Unschuld Christi, an der er uns teilgegeben hat im Glauben; sofern – „Christi Blut und Gerechtigkeit unser Schmuck und Ehrenkleid“ geworden ist, dürfen und sollen wir die Unschuldspsalmen beten als Christi Gebet für uns und Geschenk an uns. Auch diese Psalmen gehören uns durch ihn. Und wie sollen wir jene Gebete unsagbaren Elends und Leidens beten, die wir kaum angefangen haben, von fern etwas von dem zu ahnen, was hier gemeint ist? Nicht, um uns in etwas hineinzusteigern, was unser Herz aus eigener Erfahrung nicht kennt, nicht, um uns selbst zu beklagen, sondern weil all dies Leiden wahr und wirklich gewesen ist in Jesus Christus, weil der Mensch Jesus Christus Krankheit, Schmerz, Schande und Tod erlitt und weil in seinem Leiden und Sterben alles Fleisch gelitten hat und gestorben ist, darum werden und sollen wir die Leidenspsalmen beten. Was an uns geschah am Kreuze Christi, der Tod unseres alten Menschen, und was seit unserer Taufe eigentlich an uns geschieht und geschehen soll im Absterben unseres Fleisches, das gibt uns das Recht zu diesen Gebeten. Durch das Kreuz Jesu sind diese Psalmen seinem Leibe auf Erden zuteilgeworden als Gebete aus seinem Herzen. Wir können das hier nicht weiter ausführen. Es ging allein darum, den Umfang des Psalters als des Christusgebetes anzudeuten. Hier gibt es nur ein langsames Hineinwachsen.

Drittens lehrt uns das Psalmengebet als Gemeinschaft zu beten. Der Leib Christi betet, und als Einzelner erkenne ich, wie mein Gebet nur ein kleinster Bruchteil des ganzen Gebetes der Gemeinde ist. Ich lerne das Gebet des Leibes Christi mitbeten. Das hebt mich über meine persönlichen Anliegen hinaus und lässt mich selbstlos beten. Viele Psalmen sind von der alttestamentlichen Gemeinde höchstwahrscheinlich im Wechsel gebetet worden. Der sogenannte parallelismus membrorum, d. h. jene merkwürdige Wiederholung derselben Sache mit andern Worten in der 2. Zeile des Verses, wird nicht nur eine literarische Form sein, sondern auch kirchlich-theologischen Sinn haben. Es würde sich verlohnen, dieser Frage einmal sehr gründlich nachzugehen. Man lese hierzu als ein besonders deutliches Beispiel einmal den 5. Psalm. Immer sind es zwei Stimmen, die mit andern Worten ein und dasselbe Gebetsanliegen vor Gott bringen. Sollte das nicht ein Hinweis darauf sein, dass der Betende nie allein betet, sondern dass immer ein Zweiter, ein anderer, ein Glied der Gemeinde, des Leibes Christi, ja Jesus Christus selbst mitbeten muss, damit das Gebet des Einzelnen rechtes Gebet sei? Sollte nicht auch in der Wiederholung derselben Sache, die sich schließlich im 119. Psalm ins „Nicht-enden-wollende“, fast „Unzugänglich-unauslegbar-Einfache“ gesteigert, eben dies angedeutet werden, dass jedes Gebetswort in eine Tiefe des Herzens hineindringen will, die ihm nur in unaufhörlicher Wiederholung – und letztlich auch so nicht! – erreichbar wird; dass es im Gebet nicht um das einmalige, not- oder freudvolle Ausschütten des Menschenherzens geht, sondern um das ununterbrochene, stetige Lernen, sich Aneignen, dem Gedächtnis Einprägen des Willens Gottes in Jesus Christus. Ötinger hat in seiner Psalmenauslegung eine tiefe Wahrheit zur Geltung gebracht, wenn er den ganzen Psalter den sieben Bitten des Vaterunsers eingeordnet hat. Er wollte damit sagen, dass es in dem weiten und großen Psalmbuch doch um nichts mehr und um nichts anderes geht als in den kurzen Bitten des Gebets des Herrn. Es bleibt in allem unserm Beten immer nur das Gebet Jesu Christi, das Verheißung hat und das uns von heidnischem Geplapper befreit. Je tiefer wir in die Psalmen wieder hineinwachsen, und je öfter wir sie selber gebetet haben, desto einfacher und reicher wird unser Gebet werden.

Auf das Psalmengebet wird, unterbrochen durch ein Lied der Hausgemeinde, die Schriftlesung folgen. „Halte an mit lesen“ (1Tim 4,13). Auch hier werden wir manche schädlichen Vorurteile zu überwinden haben, ehe wir zum rechten gemeinsamen Schriftlesen kommen. Wir sind fast alle mit der Meinung groß geworden, es handle sich in der Schriftlesung allein darum, das Gotteswort für den heutigen Tag zu hören. Darum besteht die Schriftlesung bei vielen nur aus einigen kurzen, ausgewählten Versen, die das Leitwort des Tages ausmachen sollen. Es ist nun kein Zweifel, dass etwa auf den Losungen der Brüdergemeinde für alle, die sie gebrauchen, bis zur Stunde ein wirklicher Segen liegt. Gerade in den Kampfzeiten der Kirche ist das vielen zu ihrem großen und dankbaren Erstaunen aufgegangen. Aber es kann ebensowenig ein Zweifel darüber bestehen, dass kurze Leit- und Losungsworte nicht an die Stelle der Schriftlesung überhaupt treten können und dürfen. Die Losung für den Tag ist noch nicht die Heilige Schrift, die durch alle Zeiten hindurch bis in den Jüngsten Tag bleiben wird. Die Heilige Schrift ist mehr als Losung. Sie ist auch mehr als „Brot für den Tag“. Sie ist Gottes Offenbarungswort für alle Menschen, für alle Zeiten. Die Heilige Schrift besteht nicht aus einzelnen Sprüchen, sondern sie ist ein Ganzes, das als solches zur Geltung kommen will. Als Ganzes ist die Schrift Gottes Offenbarungswort. Erst in der Unendlichkeit ihrer inneren Beziehungen, in dem Zusammenhang von Altem und Neuem Testament, von Verheißung und Erfüllung, von Opfer und Gesetz, von Gesetz und Evangelium, von Kreuz und Auferstehung, von Glauben und Gehorchen, von Haben und Hoffen wird das volle Zeugnis von Jesus Christus, dem Herrn, vernehmlich. Darum muss die gemeinsame Andacht außer dem Psalmengebet eine längere alt- und neutestamentliche Lektion enthalten. Eine christliche Hausgemeinschaft sollte wohl imstande sein, morgens und abends je ein Kapitel aus dem Alten Testament und mindestens je ein halbes Kapitel aus dem Neuen Testament zu hören und zu lesen. Beim ersten Versuch wird sich allerdings herausstellen, dass schon dieses geringe Maß für die meisten eine Höchstforderung darstellt, die auf Widerspruch stößt. Man wird einwenden, es sei nicht möglich, eine so große Fülle von Gedanken und Zusammenhängen wirklich aufzunehmen und zu behalten, es sei sogar eine Missachtung des göttlichen Wortes, mehr zu lesen, als man ernstlich verarbeiten könne. Von diesem Einwand her wird man sich leicht wieder mit der Spruchlesung begnügen. In Wahrheit aber liegt hier eine schwere Schuld verborgen.

Verhält es sich wirklich so, dass es uns als erwachsenen Christen schon schwer ist, ein Kapitel des Alten Testaments im Zusammenhang aufzunehmen, so kann uns das nur selbst mit tiefster Beschämung erfüllen; denn was für ein Zeugnis ist damit unserer Schriftkenntnis und unserm ganzen bisherigen Schriftlesen ausgestellt? Wäre uns der Sache nach bekannt, was wir lesen, so könnten wir der Verlesung eines Kapitels unschwer folgen, zumal wenn wir die aufgeschlagene Bibel zur Hand haben und mitlesen. So aber müssen wir selbst zugeben, dass uns die Heilige Schrift noch weithin unbekannt ist. Darf nun diese Schuld unserer eigenen Unkenntnis des Wortes Gottes eine andere Folge haben, als dass wir das Versäumte ernstlich und treu nachholen, und sollten hier nicht die Theologen am allerersten an der Arbeit sein? Man wende nicht ein, eine gemeinsame Andacht sei nicht dazu da, um die Schrift kennenzulernen, das sei ein zu profaner Zweck, der außerhalb der Andacht erreicht werden müsse. Dem liegt ein völlig verkehrtes Verständnis einer Andacht zugrunde. Gottes Wort soll gehört werden von jedem in seiner Weise und in dem Maße seines Verständnisses, das Kind hört und lernt in der Andacht die biblische Geschichte zum ersten Mal, der mündige Christ lernt sie immer wieder und immer besser, und er wird nie auslernen beim eigenen Lesen und Hören.

Es wird aber nicht nur der unmündige, sondern auch der mündige Christ darüber zu klagen haben, dass ihm die Schriftlesung oft zu lang sei, dass er vieles nicht erfasse. Dazu ist zu sagen, dass gerade für den reifen Christen jede Schriftlesung „zu lang“ sein wird, auch die kürzeste. Was bedeutet das? Die Schrift ist eine Ganzheit und jedes Wort, jeder Satz steht in einer solchen Mannigfaltigkeit von Beziehungen zum Ganzen, dass es unmöglich ist, über dem Einzelnen immer das Ganze im Auge zu behalten. Es wird hier also sichtbar, dass das Schriftganze und daher auch jedes Schriftwort unser Verstehen weit übersteigt, und es kann ja nur gut sein, wenn wir täglich an diese Tatsache erinnert werden, die uns ihrerseits wieder auf Jesus Christus selbst verweist, in dem „alle Schätze der Weisheit *verborgen* liegen“ (Kol 2,3). So darf man vielleicht sagen, dass jede Schriftlesung gerade immer um einiges „zu lang“ sein muss, damit sie nicht Spruch- und Lebensweisheit ist, sondern Gottes Offenbarungswort in Jesus Christus.

Weil die Schrift ein Corpus, ein lebendiges Ganzes ist, darum wird für die Schriftlesung der Hausgemeinde vor allem die sog. lectio continua, d. h. die fortlaufende Lesung, in Betracht kommen. Geschichtliche Bücher, Propheten, Evangelien, Briefe und Offenbarung werden im Zusammenhang als Gottes Wort gelesen und gehört. Sie stellen die hörende Gemeinde mitten hinein in die wunderbare Offenbarungswelt des Volkes Israel mit seinen Propheten, Richtern, Königen und Priestern, seinen Kriegen, Festen, Opfern und Leiden; die gläubige Gemeinde wird hineingezogen in die Weihnachtsgeschichte, in die Taufe, in Wunder und Reden, in Leiden, Sterben und Auferstehen Jesu Christi, sie nimmt teil an dem, was einmal zum Heil aller Welt auf dieser Erde geschah, und sie empfängt hier und in alledem selbst das Heil in Jesus Christus. Die fortlaufende Lesung biblischer Bücher zwingt jeden, der hören will, sich dorthin zu begeben, sich dort finden zu lassen, wo Gott zum Heil der Menschen ein für alle Mal gehandelt hat. Gerade im gottesdienstlichen Lesen werden uns die geschichtlichen Bücher der Heiligen Schrift ganz neu. Wir bekommen teil an dem, was einst zu unserm Heil geschah, wir ziehen, uns selbst vergessend und verlierend, mit durch das Rote Meer, durch die Wüste, über den Jordan ins gelobte Land, wir fallen mit Israel in Zweifel und Unglauben und erfahren durch Strafe und Buße wieder Gottes Hilfe und Treue; und das alles ist nicht Träumerei, sondern heilige, göttliche Wirklichkeit. Wir werden aus unserer eigenen Existenz herausgerissen und mitten hineinversetzt in die heilige Geschichte Gottes auf Erden. Dort hat Gott an uns gehandelt, und dort handelt er noch heute an uns, an unsern Nöten und Sünden durch Zorn und Gnade. Nicht dass Gott der Zuschauer und Teilnehmer unseres heutigen Lebens ist, sondern dass wir die andächtigen Zuhörer und Teilnehmer an Gottes Handeln in der heiligen Geschichte, an der Geschichte des Christus auf Erden sind, ist wichtig, und nur sofern wir dort dabei sind, ist Gott auch heute bei uns. Eine völlige Umkehrung tritt hier ein. Nicht in unserm Leben muss sich Gottes Hilfe und Gegenwart erst noch erweisen, sondern im Leben Jesu Christi hat sich Gottes Gegenwart und Hilfe für uns erwiesen. Es ist in der Tat wichtiger für uns zu wissen, was Gott an Israel, was er an seinem Sohn Jesus Christus tat, als zu erforschen, was Gott heute mit mir vorhat. Dass Jesus Christus starb, ist wichtiger als dass ich sterbe, und dass Jesus Christus von den Toten auferweckt wurde, ist der einzige Grund meiner Hoffnung, dass auch ich auferweckt werde am Jüngsten Tag. Unser Heil ist „außerhalb unser selbst“ (extra nos), nicht in meiner Lebensgeschichte, sondern allein in der Geschichte Jesu Christi finde ich es. Nur wer sich in Jesus Christus finden lässt, in seiner Menschwerdung,“ seinem Kreuz und seiner Auferstehung, der ist bei Gott und Gott bei ihm.

Von hier aus wird das gesamte gottesdienstliche Lesen der Heiligen Schrift uns täglich bedeutsamer und heilsamer werden. Was wir unser Leben, unsere Nöte, unsere Schuld nennen, ist ja noch gar nicht die Wirklichkeit, sondern dort in der Schrift ist unser Leben, unsere Not, unsere Schuld und unsere Errettung. Weil es Gott gefallen hat, dort an uns zu handeln, darum wird uns nur dort geholfen werden. Nur aus der Heiligen Schrift lernen wir unsere eigene Geschichte kennen. Der Gott Abrahams, Isaaks und Jakobs ist der Gott und Vater Jesu Christi und unser Gott.

Wir müssen die Heilige Schrift erst wieder kennenlernen wie die Reformatoren, wie unsere Väter sie kannten. Wir dürfen die Zeit und die Arbeit dafür nicht scheuen. Wir müssen die Schrift kennenlernen dazuallererst um unseres Heiles willen. Aber es gibt daneben genug gewichtige Gründe, um uns diese Forderung ganz dringlich zu machen. Wie sollen wir z. B. in unserm persönlichen und kirchlichen Handeln jemals Gewissheit und Zuversicht erlangen, wenn wir nicht auf festem Schriftgrund stehen? Nicht unser Herz entscheidet über unsern Weg, sondern Gottes Wort. Wer aber weiß heute noch etwa Rechtes über die Notwendigkeit des Schriftbeweises? Wie oft hören wir zur Begründung wichtigster Entscheidungen ungezählte Argumente „aus dem Leben“, aus der „Erfahrung“, aber der Schriftbeweis bleibt aus, und gerade er würde vielleicht in genau entgegengesetzte Richtung weisen? Dass freilich der den Schriftbeweis in Misskredit zu bringen versuchen wird, der selbst die Schrift nicht ernstlich liest, kennt und durchforscht, ist nicht zu verwundern. Wer aber nicht lernen will, selbstständig mit der Schrift umzugehen, der ist kein evangelischer Christ.

Weiter wäre zu fragen: Wie sollten wir einem christlichen Bruder in seiner Not und Anfechtung zurechthelfen, wenn nicht mit Gottes eigenem Wort? Alle unsere Worte versagen schnell. Wer aber als ein „guter Hausvater aus seinem Schatze Altes und Neues hervorträgt“ (Mt 13,52), wer aus der Fülle des Wortes Gottes, aus dem Reichtum der Weisungen, Ermahnungen, Tröstungen der Schrift heraus sprechen kann, der wird durch Gottes Wort Teufel austreiben und den Brüdern helfen können. Wir brechen ab. „Weil du von Kind auf die Heilige Schrift weißt, kann dich dieselbe unterweisen zur Seligkeit“ (2Tim 3,15).

Wie sollen wir die Heilige Schrift lesen? In der Hausgemeinschaft wird die fortlaufende Lesung am besten abwechselnd von den einzelnen Hausgenossen übernommen werden. Es wird sich dabei herausstellen, dass es nicht leicht ist, die Schrift vorzulesen. Je kunstloser, je sachlicher, je demütiger die innere Einstellung zu dem Stoff ist, desto besser wird das Lesen dem Gegenstand entsprechen. Der Unterschied zwischen dem erfahrenen Christen und dem Neuling tritt beim Schriftlesen oft deutlich hervor. Es darf als eine Regel des rechten Schriftlesens angesehen werden, dass der Vorlesende sich niemals mit dem in der Schrift redenden Ich identifizieren soll. Nicht ich zürne, sondern Gott zürnt, nicht ich tröste, sondern Gott tröstet, nicht ich ermahne, sondern Gott ermahnt in der Schrift. Freilich, dass es Gott ist, der zürnt, tröstet, ermahnt, das werde ich ja nicht in gleichgültiger Monotonie, sondern nur mit innerster Beteiligung als ein solcher sagen können, der sich selbst angeredet weiß, aber es wird eben den ganzen Unterschied des rechten und des falschen Schriftlesens ausmachen, dass ich mich nicht mit Gott verwechsle, sondern ihm ganz schlicht diene. Sonst werde ich rhetorisch, pathetisch, rührselig oder treiberisch, d. h. ich lenke die Aufmerksamkeit des Zuhörenden auf mich statt auf das Wort; das aber ist die Sünde des Schriftlesens. Wenn man es an einem profanen Beispiel verdeutlichen könnte, so käme die Situation des Schriftlesenden wohl derjenigen am nächsten, in der ich einem andern den Brief eines Freundes vorlese. Ich werde den Brief nicht so lesen, als hätte ich selbst ihn geschrieben, die Distanz wird beim Lesen deutlich hörbar sein, und ich werde den Brief meines Freundes doch auch nicht vorlesen können, als ginge er mich nichts an, sondern in persönlicher Beteiligung und Beziehung. Das rechte Lesen der Schrift ist nicht eine technische Übung, die erlernt werden könnte, sondern es nimmt zu oder ab nach meiner eigenen geistlichen Verfassung. Das schwerfällige, mühsame Bibellesen mancher in Erfahrung alt gewordenen Christen übertrifft oft das noch so formvollendete Lesen eines Pfarrers bei Weitem. In einer christlichen Hausgemeinschaft darf einer dem andern auch hierin Rat und Hilfe zuteilwerden lassen.

Neben der fortlaufenden Schriftlesung braucht die Losung nicht verloren zu gehen. Sie kann als Wochenspruch oder als Tageslosung am Anfang der Andacht oder an anderer Stelle ihren Platz finden.

Zum Psalmengebet und zur Schriftlesung tritt das *gemeinsame* Lied und in ihm die lobende, dankende, bittende Stimme der Kirche.

„Singet dem Herrn ein neues Lied“ ruft uns der Psalter immer wieder zu. Es ist das an jedem Morgen neue Christuslied, das die Hausgemeinschaft in der Frühe anstimmt, das neue Lied, das von der ganzen Gemeinde Gottes auf Erden und im Himmel gesungen wird und das wir mitzusingen berufen sind. Ein einziges großes Loblied hat Gott sich in Ewigkeit bereitet und wer zur Gemeinde Gottes hinzutritt, der stimmt in dieses Lied mit ein. Es ist das „Loblied und Jauchzen der Morgensterne und aller Kinder Gottes“ vor Erschaffung der Welt (Hiob 38,7). Es ist das Siegeslied der Kinder Israel nach dem Durchzug durch das Rote Meer, das Magnifikat der Maria nach der Verkündigung, das Loblied des Paulus und Silas in der Nacht des Gefängnisses, das Lied der Sänger am gläsernen Meer nach ihrer Errettung, das „Lied Moses und des Lammes“ (Offb 15,3), es ist das neue Lied der himmlischen Gemeinde. Am Morgen jedes Tages stimmt die Gemeinde auf Erden in dieses Lied ein und des Abends beschließt sie den Tag mit diesem Lied. Der dreieinige Gott und sein Werk ist es, was hier gepriesen wird. Anders klingt dieses Lied auf Erden und anders im Himmel. Auf Erden ist es das Lied der Glaubenden, im Himmel das Lied der Schauenden, auf Erden ist es ein Lied in armen Menschenworten, im Himmel sind es „unaussprechliche Worte, die kein Mensch sagen kann“ (2Kor 12,4), ist es das „neue Lied, das niemand lernen kann denn die 144000“ (Offb 14,3), zu dem „die Harfen Gottes“ gespielt werden (Offb 15,2). Was wissen wir von jenem neuen Lied und Harfen Gottes? Unser neues Lied ist ein irdisches Lied, ein Lied der Pilger und Wallfahrer, denen das Wort Gottes aufgegangen ist und leuchtet auf ihrem Weg. Unser irdisches Lied ist gebunden an Gottes Offenbarungswort in Jesus Christus. Es ist das schlichte Lied der Kinder dieser Erde, die zu Gottes Kindern gerufen sind, nicht ekstatisch, nicht entrückt, sondern nüchtern, dankbar, andächtig auf Gottes offenbares Wort gerichtet.

„Singet und spielet dem Herrn in eurem Herzen" (Eph 5,19). Das neue Lied wird zuerst im Herzen gesungen. Anders kann es gar nicht gesungen werden. Das Herz singt, weil es von Christus erfüllt ist. Darum ist alles Singen in der Gemeinde ein geistliches Ding. Hingabe an das Wort, Einordnung in die Gemeinschaft, viel Demut und viel Zucht ist die Voraussetzung alles gemeinsamen Singens. Wo das Herz nicht mitsingt, dort gibt es nur das gräuliche Durcheinander menschlichen Selbstruhms. Wo nicht dem Herrn gesungen wird, dort singt man sich selbst oder der Musik zu Ehren. So wird das neue Lied zum Götzenlied.

„Redet miteinander in Psalmen und Lobgesängen und geistlichen Liedern" (Eph 5,19). Unser Lied auf Erden ist Rede. Es ist gesungenes Wort. Warum singen die Christen, wenn sie beieinander sind? Zunächst ganz einfach darum, weil es ihnen im gemeinsamen Singen möglich ist, dasselbe Wort zu gleicher Zeit zu sagen und zu beten, also um der Vereinigung im Worte willen. Alle Andacht, alle Sammlung gilt dem Worte im Lied. Dass wir es nicht gemeinsam sprechen, sondern singen, bringt nur die Tatsache zum Ausdruck, dass unsere gesprochenen Worte nicht hinreichen, das auszusprechen, was wir sagen wollen, dass der Gegenstand unseres Singens weit über alle menschlichen Worte hinausgeht. Dennoch lallen wir nicht, sondern wir singen Worte zum Lobpreis Gottes, zum Dank, zum Bekenntnis, zum Gebet. So steht das Musikalische ganz im Dienst des Wortes. Es verdeutlicht es in seiner Unbegreiflichkeit.

Weil ganz ans Wort gebunden, darum ist das gottesdienstliche Lied der Gemeinde, besonders der Hausgemeinde, wesentlich einstimmiges Lied. Hier verbinden sich Wort und Ton in einzigartiger Weise. Der freischwebende Ton des einstimmigen Gesanges hat seinen einzigen und wesentlichen inneren Halt an dem Wort, das gesungen wird, und bedarf darum keiner musikalischen Stützung durch weitere Stimmen. „Singen wir heut mit einem Mund, in Eintracht und aus Herzensgrund" – sangen die Böhmischen Brüder. „Einmütig mit einem Munde lobet Gott und den Vater unseres Herrn Jesu Christi" (Röm 15,6). Die Reinheit des einstimmigen Singens, unberührt von fremden Motiven musikalischer Schwelgerei, die Klarheit, ungetrübt von dunklem Verlangen, dem Musikalischen ein Eigenrecht neben dem Worte zu verleihen, die Schlichtheit und Nüchternheit, die Menschlichkeit und Wärme dieses Singens ist das Wesen des irdischen Gemeindegesanges überhaupt. Freilich erschließt es sich unserm verbildeten Ohr nur langsam und in geduldiger Übung. Es wird eine Frage der geistlichen Urteilskraft sein, ob eine Gemeinschaft zum rechten einstimmigen Singen kommt. Hier wird von Herzen gesungen, hier wird dem Herrn gesungen, hier wird das Wort gesungen, hier wird in Eintracht gesungen.

Es gibt einige Feinde des einstimmigen Singens, die man in der Gemeinschaft mit aller Rigorosität ausmerzen muss. Nirgends nämlich kann sich im Gottesdienst Eitelkeit und schlechter Geschmack so durchsetzen wie beim Singen. Da ist zuerst die improvisierte zweite Stimme, der man fast überall begegnet, wo gemeinsam gesungen werden soll. Sie will dem schwebenden einstimmigen Ton den nötigen Untergrund, die vermisste Fülle geben und tötet dabei Wort und Ton. Da ist der Bass oder der Alt, der alle Mitsingenden darauf aufmerksam machen muss, dass er über einen erstaunlichen Tonumfang verfügt und daher jedes Lied eine Oktave tiefer singen muss. Da ist die Solistenstimme, die breit und aus voller Brust werden soll. Sie will dem schwebenden einstimmigen Ton den nötigen Untergrund, die vermisste Fülle geben und tötet dabei Wort und Ton. Da ist der Bass oder der Alt, der alle Mitsingenden darauf aufmerksam machen muss, dass er über einen erstaunlichen Tonumfang verfügt und daher jedes Lied eine Oktave tiefer singen muss. Da ist die Solistenstimme, die breit und aus voller Brust schmetternd, schwelgend, tremulierend alles andere übertönt zur Ehre des eigenen schönen Organs. Da sind die weniger gefährlichen Feinde des gemeinsamen Gesanges, die „Unmusikalischen", die nicht singen können, deren es in Wahrheit doch sehr viel weniger gibt, als man uns vormacht. Schließlich sind da häufig auch solche, die aus irgendeiner Stimmung oder Verstimmung heraus nicht mitsingen wollen und dadurch die Gemeinschaft stören.

Das einstimmige Singen ist, so schwer es ist, viel weniger eine musikalische als eine geistliche Sache. Nur wo jeder in der Gemeinschaft bereit ist zur Haltung der Andacht und der Zucht kann das einstimmige Singen selbst bei viel musikalischer Unzulänglichkeit uns die Freude geben, die ihm allein eigen ist.

Für die Übung des einstimmigen Singens werden in erster Linie die reformatorischen Choräle, dann die Lieder der Böhmischen Brüder und die altkirchlichen Stücke in Betracht kommen. Von hier aus wird sich ganz von selbst das Urteil darüber bilden, welche Lieder unseres Gesangbuches sich darüber hinaus zum gemeinsamen einstimmigen Gesang eignen und welche nicht. Jeder Doktrinarismus, der uns auf diesem Gebiete heute so häufig begegnet, ist hier von Übel. Die Entscheidung kann hier wirklich nur von Fall zu Fall getroffen werden und wir sollen auch hier nicht bilderstürmerisch werden. Eine christliche Hausgemeinschaft wird sich darum bemühen, einen möglichst reichen Schatz von Liedern frei und auswendig singen zu können. Sie wird dieses Ziel erreichen, wenn sie in jeder Andacht außer einem frei zu wählenden Lied einige feste Verse einfügt, die zwischen den Lesungen gesungen werden können.

Aber nicht nur in den Andachten, sondern zu regelmäßigen Zeiten des Tages oder der Woche soll der Gesang geübt werden. Je mehr wir singen, desto größer wird unsere Freude daran, aber vor allem je gesammelter, je zuchtvoller, je freudiger wir singen, desto reicher wird der Segen sein, der vom gemeinsamen Singen auf das gesamte Leben der Gemeinschaft ausgeht.

Es ist die Stimme der Kirche, die im gemeinsamen Singen hörbar wird. Nicht ich singe, sondern die Kirche singt, aber ich darf als Glied der Kirche an ihrem Liede teilhaben. So muss alles rechte gemeinsame Singen dazu dienen, dass der geistliche Blick sich weitet, dass wir unsere kleine Gemeinschaft als Glied der großen Christenheit auf Erden erkennen, dass wir uns willig und freudig mit unserem schwachen oder guten Gesang einordnen in das Lied der Kirche.

Gottes Wort, die Stimme der Kirche und unser Gebet gehören zusammen. Vom *gemeinsamen Gebet* haben wir darum jetzt zu sprechen. „Wo zwei unter euch eins werden, worum es ist, dass sie bitten wollen, das soll ihnen widerfahren von meinem Vater im Himmel" (Mt 18,19). Es gibt kein Stück der gemeinsamen Andacht, das uns so ernste Schwierigkeiten und Nöte bereitet wie das gemeinsame Gebet; denn hier sollen ja nun wir selbst sprechen. Gottes Wort haben wir gehört, und in das Lied der Kirche durften wir einstimmen, jetzt aber sollen wir als Gemeinschaft zu Gott beten, und dieses Gebet muss wirklich *unser* Wort sein, *unser* Gebet für diesen Tag, für unsere Arbeit, für unsere Gemeinschaft, für die besonderen Nöte und Sünden, die uns gemeinsam bedrücken, für die Menschen, die uns befohlen sind. Oder sollten wir wirklich nichts für uns zu beten haben, sollte das Verlangen nach gemeinsamem Gebet aus eigenem Mund und mit eigenen Worten ein unerlaubtes Ding sein? Was man auch alles einwenden mag, es kann doch einfach nicht anders sein, als dass dort, wo Christen gemeinsam unter dem Wort Gottes leben wollen, sie auch gemeinsam mit eigenen Worten zu Gott beten sollen und dürfen. Sie haben gemeinsame Bitten, gemeinsamen Dank, gemeinsame Fürbitte vor Gott zu bringen, und sie sollen das freudig und zuversichtlich tun. Alle Furcht voreinander, alle Scheu, mit eigenem, freiem Worte vor den andern zu beten, darf hier zurücktreten, wo in aller Nüchternheit und Schlichtheit das gemeinsame brüderliche Gebet durch einen der Brüder vor Gott gebracht wird. Ebenso aber darf und soll hier alle Beobachtung und Kritik schweigen, wo im Namen Jesu Christi mit schwachen Worten gebetet wird. Es ist in der Tat das Normalste des gemeinsamen christlichen Lebens, dass man gemeinsam betet, und so gut und nützlich hier unsere Hemmungen sein mögen, um das Gebet rein und biblisch zu erhalten, so dürfen sie doch nicht das notwendige freie Gebet selbst ersticken; denn es hat von Jesus Christus eine große Verheißung empfangen.

Das freie Gebet am Ende der Andacht wird vom Hausvater, jedenfalls aber am besten immer von einem und demselben Bruder gesprochen werden. Das legt diesem eine ungeahnte Verantwortung auf. Aber um das Gebet vor falscher Beobachtung und vor falscher Subjektivität zu schützen, soll einer längere Zeit hintereinander für alle beten.

Die erste Voraussetzung dafür, dass das Gebet eines Einzelnen für die Gemeinschaft möglich wird, ist die Fürbitte aller andern für diesen und für sein Gebet. Wie könnte einer das Gebet der Gemeinschaft beten, ohne von der Gemeinschaft selbst im Gebet gehalten und getragen zu sein? Jedes Wort der Kritik wird sich gerade an dieser Stelle umsetzen müssen in treuere Fürbitte und in brüderliche Hilfe. Wie leicht kann sonst hier eine Gemeinschaft auseinanderbrechen!

Das freie Gebet in der gemeinsamen Andacht soll das Gebet der Gemeinschaft sein und nicht das des Einzelnen, der betet. Es ist sein Auftrag, für die Gemeinschaft zu beten. So muss er das tägliche Leben der Gemeinschaft mitleben, er muss ihre Sorge und Not ihre Freude und Dankbarkeit, ihre Bitte und ihre Hoffnung kennen. Ihre Arbeit und alles, was sie mit sich bringt, darf ihm nicht unbekannt sein. Er betet als Bruder unter Brüdern. Es fordert Prüfung und Wachsamkeit von ihm, wenn er nicht sein eigenes Herz mit dem Herzen der Gemeinschaft verwechseln soll, wenn er sich wirklich allein von seinem Auftrag, für die Gemeinschaft zu beten, leiten lassen will. Es wird aus diesem Grund gut sein, wenn dem Beauftragten aus dem Kreise der Gemeinschaft immer wieder Rat und Hilfe zuwächst, wenn er Hinweise und Bitten erhält, dieser oder jener Not, dieser oder jener Arbeit oder auch eines bestimmten Menschen im Gebet zu gedenken. So wird das Gebet immer mehr zum gemeinsamen Gebet aller.

Auch das freie Gebet wird durch eine gewisse innere Ordnung bestimmt sein. Es ist ja nicht der chaotische Ausbruch eines Menschenherzens, sondern das Gebet einer in sich geordneten Gemeinschaft. So werden gewisse Gebetsanliegen täglich wiederkehren, wenn auch vielleicht in verschiedener Weise. In der täglichen Wiederholung derselben Bitten, die uns als Gemeinschaft aufgetragen sind, mag anfangs eine Eintönigkeit, später aber gewiss eine Befreiung von der allzu individuellen Form des Gebetes gefunden werden. Ist es möglich, zu dem Maß der täglich wiederkehrenden Bitten noch andere hinzuzufügen, so mag hier eine Wochenordnung, wie sie verschiedentlich vorgeschlagen ist, versucht werden. Ist das in der gemeinsamen Andacht nicht möglich, so ist es gewiss für die persönliche Gebetszeit eine Hilfe. Um das freie Gebet von der Willkür der Subjektivität zu befreien, wird sich ferner die Anknüpfung des Gebets an eine der Schriftlesungen als hilfreich erweisen. Hier gewinnt das Gebet festen Halt und Grund.

Immer wieder wird es sich einstellen, dass der mit dem Gebet für die Gemeinschaft Beauftragte sich innerlich gar nicht dazu imstande findet, dass er am liebsten seinen Auftrag einem andern für diesen Tag übergäbe. Doch ist dazu nicht zu raten. Zu leicht wird sonst das Gebet der Gemeinschaft durch Stimmungen beherrscht, die mit geistlichem Leben nichts zu tun haben. Gerade dort, wo einer, durch innere Leere und Müdigkeit oder durch persönliche Schuld belastet, sich seinem Auftrag entziehen möchte, soll er lernen, was es heißt, einen Auftrag in der Gemeinde zu haben, und sollen die Brüder ihn tragen in seiner Schwäche, in seiner Unfähigkeit zum Gebet. Vielleicht wird dann gerade das Pauluswort wahr: „Wir wissen nicht, was wir beten sollen, wie sich's gebührt, aber der Heilige Geist selbst vertritt uns aufs beste mit unaussprechlichen Seufzern" (Röm 8,26). Alles liegt daran, dass die Gemeinschaft das Gebet des Bruders als ihr Gebet versteht, trägt und mitbetet.

Der Gebrauch fest formulierter Gebete kann unter gewissen Umständen auch für eine kleine Hausgemeinschaft eine Hilfe sein, oft aber wird es nur ein Ausweichen vor dem wirklichen Gebet sein. Durch kirchliche Formen und reiche Gedanken täuscht man sich leicht über das eigene Gebet hinweg, die Gebete werden dann schön und tief, aber nicht echt. So hilfreich die Gebetsüberlieferung der Kirche zum Betenlernen ist, so kann sie doch nicht das Gebet ersetzen, das ich heute meinem Gott schuldig bin. Ein schlechtes Gestammel kann hier besser sein als das beste formulierte Gebet. Dass die Sachlage im öffentlichen Gottesdienst eine andere ist als in der täglichen Hausgemeinschaft, braucht hier nicht ausgeführt zu werden.

Über das tägliche Gebet in der gemeinsamen Andacht hinaus wird in der christlichen Lebensgemeinschaft oft das Verlangen nach besonderen Gebetsgemeinschaften bestehen. Es lässt sich hier wohl keine Regel außer der einen aufstellen, dass nur dort, wo ein gemeinsames Verlangen und eine gemeinsame Beteiligung an einer bestimmten Gebetsstunde gewiss ist, solche Stunde abgehalten werden soll. Jede Einzelunternehmung pflanzt hier leicht den Keim der Zersetzung in die Gemeinschaft. Gerade auf diesem Gebiet muss es sich bewähren, dass die Starken die Schwachen tragen und die Schwachen die Starken nicht richten. Dass eine freie Gebetsgemeinschaft das selbstverständlichste und natürlichste Ding ist und ohne Argwohn angesehen werden darf, lehrt uns das Neue Testament. Wo aber Misstrauen und Ängstlichkeit vorhanden sind, dort trage einer den andern in Geduld. Nichts geschehe hier mit Gewalt, alles aber in Freiheit und in Liebe.

Wir haben einen Gang angestellt durch die Morgenandacht einer christlichen Lebensgemeinschaft. Gottes Wort, das Lied der Kirche und das Gebet der Gemeinde stehen am Anfang des Tages. Erst wenn die Gemeinschaft mit dem Brote des ewigen Lebens versorgt und gestärkt worden ist, vereinigt sie sich, um von Gott das irdische Brot für dieses leibliche Leben zu empfangen. Danksagend und um Gottes Segen bittend nimmt die christliche Hausgemeinde das tägliche Brot aus der Hand des Herrn. Seit Jesus Christus mit seinen Jüngern zu Tische saß, ist die *Tischgemeinschaft* seiner Gemeinde durch seine Gegenwart gesegnet. „Und es geschah, da er mit ihnen zu Tische saß, nahm er das Brot, dankte, brach's und gab's ihnen. Da wurden ihre Augen geöffnet und sie erkannten ihn" (Lk 24,30f). Von dreierlei Tischgemeinschaft Jesu mit den Seinen spricht die Schrift: Von der täglichen Tischgemeinschaft, von der Tischgemeinschaft des Heiligen Abendmahls, von der letzten Tischgemeinschaft im Reiche Gottes. Alle dreimal aber kommt es auf das Eine an: „Da wurden ihre Augen geöffnet und sie erkannten ihn." Jesus Christus erkennen über den Gaben, was heißt das?

Es heißt *erstens,* ihn erkennen als den Geber aller Gaben, als den Herrn und Schöpfer dieser unsrer Welt mit dem Vater und dem Heiligen Geist. „Und segne, was *du* uns bescheret hast", betet darum die Tischgemeinde und bekennt sich damit zur ewigen Gottheit Jesu Christi.

Zweitens erkennt die Gemeinde, dass alle irdischen Gaben ihr nur gegeben sind um Christi willen, wie diese ganze Welt auch nur erhalten wird um Jesu Christi, seines Wortes und seiner Predigt willen. Er ist das wahre Brot des Lebens, er ist nicht nur der Geber, sondern auch die Gabe, um derentwillen alle irdischen Gaben da sind. Nur weil das Wort von Jesus Christus noch ausgehen und Glauben finden soll, und weil unser Glaube noch nicht vollendet ist, erhält uns Gott in seiner Geduld mit seinen guten Gaben. Darum betete die christliche Tischgemeinde mit den Worten Luthers: „Herr Gott, lieber himmlischer Vater, segne uns und diese deine Gaben, die wir von deiner milden Güte zu uns nehmen durch *Jesum Christum, unsern Herrn.* Amen" und bekennt sich damit zu Jesus Christus dem göttlichen Mittler und Heiland.

Drittens glaubt die Gemeinde Jesu, dass ihr Herr gegenwärtig sein will, wo sie ihn darum bittet. Darum betet sie: „Komm Herr Jesu, sei unser Gast" – und bekennt sich damit zur gnädigen Allgegenwart Jesu Christi. Jede Tischgemeinschaft erfüllt die Christen mit Dankbarkeit gegen den gegenwärtigen Herrn und Gott Jesus Christus. Nicht als würde damit eine krankhafte Vergeistigung der leiblichen Gaben gesucht, vielmehr erkennen die Christen gerade in der vollen Freude über die guten Gaben dieses leiblichen Lebens ihren Herrn als den wahren Geber aller guten Gaben, darüber hinaus aber als die wahre Gabe, das wahre Brot des Lebens selbst, und schließlich als den, der sie zum Freudenmahle im Reiche Gottes ruft. So verbindet die tägliche Tischgemeinschaft die Christen mit ihrem Herrn und untereinander in besonderer Weise. Über Tische erkennen sie ihren Herrn als den, der ihnen das Brot bricht; die Augen ihres Glaubens sind aufgetan.

Die Tischgemeinschaft ist etwas Festliches. Sie ist die mitten in der Werktagsarbeit uns immer wieder geschenkte Erinnerung an die Ruhe Gottes nach seiner Arbeit, an den Sabbat als den Sinn und das Ziel der Woche und ihrer Mühe. Unser Leben ist nicht nur Mühe und Arbeit, sondern es ist auch Erquickung und Freude an der Güte Gottes. Wir arbeiten, aber Gott ernährt und erhält uns. Das ist Grund zur Feier. Nicht mit Sorgen soll der Mensch sein Brot essen (Ps 127,2), sondern „iss dein Brot mit Freuden“ (Pred 9,7), „ich lobte die Freude, dass der Mensch nichts Besseres hat unter der Sonne, denn essen und trinken und fröhlich sein“ (Pred 8,15); aber freilich „wer kann fröhlich essen und sich ergötzen ohne Ihn?“ (Pred 2,25). Von den siebzig Ältesten aus Israel, die mit Mose und Aaron auf den Berg Sinai stiegen, heißt es: „und da sie Gott geschaut hatten, aßen und tranken sie“ (2Mose 24,11). Gott mag unser unfestliches Wesen, das das Brot mit Seufzen, mit wichtigtuerischer

Geschäftigkeit oder gar mit Beschämung isst, nicht leiden. Er ruft uns durch das tägliche Mahl zur Freude, zur Feier mitten am Werktag.

Die Tischgemeinschaft der Christen bedeutet Verpflichtung. Es ist unser täglich Brot, das wir essen, nicht mein eigenes. Wir teilen unser Brot. So sind wir nicht nur im Geiste, sondern mit unserm ganzen leiblichen Wesen fest miteinander verbunden. Das eine Brot, das unserer Gemeinschaft gegeben ist, schließt uns zu festem Bund zusammen. Nun darf keiner hungern, solange der andere Brot hat, und wer diese Gemeinschaft des leiblichen Lebens zerstört, der zerstört damit auch die Gemeinschaft des Geistes. Unlöslich ist beides verbunden. „Brich dem Hungrigen dein Brot“ (Jes 58,7). „Verachte den Hungrigen nicht“ (Sir 4,2); denn im Hungrigen begegnet uns der Herr (Mt 25,37). „So aber ein Bruder oder eine Schwester bloß wäre und Mangel hätte der täglichen Nahrung und jemand unter euch spräche zu ihnen: Gott berate euch, wärmet euch, sättiget euch! Ihr gebt ihnen aber nicht, was des Leibes Notdurft ist, was hülfe ihnen das?“(Jak 2,15f). Solange wir unser Brot gemeinsam essen, werden wir auch mit dem wenigsten genug haben. Erst wo einer sein eigenes Brot für sich selbst behalten will, fängt der Hunger an. Das ist ein seltsames Gesetz Gottes. Sollte nicht die Geschichte von der wunderbaren Speisung der 5000 mit zwei Fischen und fünf Broten neben vielem andern auch diesen Sinn haben?

Die Tischgemeinschaft lehrt die Christen, dass sie hier noch das vergängliche Brot der irdischen Wanderschaft essen. Teilen sie aber dieses Brot miteinander, so sollen sie dereinst auch das unvergängliche Brot im Vaterhaus miteinander empfangen. „Selig ist, der das Brot isst im Reiche Gottes“ (Lk 14,15).

Nach der ersten Morgenstunde gehört der Tag des Christen bis zum Abend der *Arbeit.* „So gehet dann der Mensch aus an seine Arbeit und an sein Ackerwerk bis an den Abend“ (Ps 104,23). Die christliche Hausgemeinschaft wird in den meisten Fällen für die Länge der Arbeitszeit auseinander gehen. Beten und Arbeiten ist zweierlei. Das Gebet soll nicht durch die Arbeit, aber auch die Arbeit nicht durch das Gebet verhindert werden. Wie nach Gottes Willen der Mensch sechs Tage arbeiten und am siebenten ausruhen und feiern soll vor Gottes Angesicht, so ist nach Gottes Willen jeder Tag des Christen durch das Doppelte gekennzeichnet, Gebet und Arbeit. Auch das Gebet braucht seine Zeit. Aber die Länge des Tages gehört der Arbeit. Nur wo jedes sein ungeteiltes, eigenes Recht bekommt, wird die unauflösliche Zusammengehörigkeit von beidem deutlich. Ohne die Last und Arbeit des Tages ist das Gebet nicht Gebet und ohne das Gebet ist die Arbeit nicht Arbeit. Das weiß nur der Christ. So wird gerade in der klaren Unterschiedenheit beider ihre Einheit offenbar.

Die Arbeit stellt den Menschen in die Welt der Dinge. Sie fordert von ihm das Werk. Aus der Welt der brüderlichen Begegnung tritt der Christ hinaus in die Welt der unpersönlichen Dinge, des „Es“, und diese neue Begegnung befreit ihn zur Sachlichkeit; denn die Welt des Es ist nur ein Werkzeug in der Hand Gottes zur Reinigung der Christen von aller Selbstbezogenheit und Ichsucht. Das Werk in der

Welt kann ja nur dort vollbracht werden, wo der Mensch sich selbst vergisst, wo er sich an die Sache, an die Wirklichkeit, an die Aufgabe, an das Es verliert. In der Arbeit lernt der Christ, sich von der Sache begrenzen zu lassen, so wird ihm die Arbeit zum Heilmittel gegen die Trägheit und Bequemlichkeit seines Fleisches. An der Welt der Dinge sterben die Ansprüche des Fleisches. Das kann aber nur dort geschehen, wo der Christ durch das Es hindurchbricht zu dem „Du" Gottes, der ihm die Arbeit und das Werk befiehlt und ihm zur Befreiung von sich selbst dienen lässt. Damit hört die Arbeit nicht auf, Arbeit zu sein, vielmehr wird die Härte und Strenge der Arbeit von dem erst recht gesucht werden, der weiß, wozu sie ihm dient. Die dauernde Auseinandersetzung mit dem Es bleibt bestehen. Aber zugleich ist der Durchbruch erfolgt, die Einheit zwischen Gebet und Arbeit, die Einheit des Tages ist gefunden; denn hinter dem Es der Tagesarbeit das Du Gottes finden, das ist es, was Paulus „ohne Unterlass beten" (1Thess 5,17) nennt. So reicht das Beten des Christen über die ihm zugewiesene Zeit hinaus mitten in die Arbeit hinein. Es umfasst den ganzen Tag, es hält dabei die Arbeit nicht auf, sondern es fördert sie, bejaht sie, gibt ihr Ernst und Fröhlichkeit. So wird jedes Wort, jedes Werk, jede Arbeit des Christen zum Gebet, nicht in dem unwirklichen Sinne eines fortwährenden Abgelenktseins von der gestellten Aufgabe, sondern in dem wirklichen Durchbruch durch das harte Es zum gnädigen Du. „Alles, was ihr tut, mit Wort oder Werk, das tut alles in dem Namen des Herrn Jesu" (Kol 3,17).

Aus der gewonnenen Einheit des Tages empfängt

nun der ganze Tag Ordnung und Zucht. Im morgendlichen Gebet muss sie gesucht und gefunden werden, in der Arbeit wird sie bewahrt. Das Gebet in der Frühe entscheidet über den Tag. Vergeudete Zeit, derer wir uns schämen, Versuchungen, denen wir erliegen, Schwäche und Mutlosigkeit in der Arbeit, Unordnung und Zuchtlosigkeit in unseren Gedanken und im Umgang mit anderen Menschen haben ihren Grund sehr häufig in der Vernachlässigung des morgendlichen Gebetes. Ordnung und Einteilung unserer Zeit wird fester, wo sie aus dem Gebet kommt. Versuchungen, die der Werktag mit sich bringt, werden überwunden aus dem Durchbruch zu Gott. Entscheidungen, die die Arbeit fordert, werden einfacher und leichter, wo sie nicht in Menschenfurcht, sondern allein vor Gottes Angesicht gefällt werden. „Alles, was ihr tut, das tut von Herzen als dem Herrn und nicht den Menschen“ (Kol 3,23). Auch mechanisches Arbeiten wird geduldiger getan, wenn es aus der Erkenntnis Gottes und seines Befehles kommt. Die Kräfte zur Arbeit nehmen zu, wo wir Gott darum gebeten haben, er wolle uns heute die Kraft geben, die wir für unsere Arbeit brauchen.

Die Mittagsstunde wird für die christliche Hausgemeinschaft, dort wo es möglich ist, eine kurze Rast auf dem Wege durch den Tag. Der halbe Tag ist vorüber. Die Gemeinde dankt Gott und bittet um Bewahrung bis zum Abend. Sie empfängt das tägliche Brot und betet mit dem Reformationslied: „Speis uns, Vater, deine Kinder, tröste die betrübten Sünder.“ Gott muss uns speisen. Wir können und dürfen es uns nicht nehmen, denn wir armen Sünder haben es nicht verdient; so wird das Mahl, das Gott uns reicht, ein Trost der Betrübten; denn es ist der Erweis der Gnade und Treue, mit der Gott seine Kinder erhält und führt. Zwar sagt die Schrift: „Wer nicht arbeiten will, der soll auch nicht essen" (2Thess 3,10) und bindet den Empfang des Brotes fest an die geleistete Arbeit. Aber nicht von dem Anspruch, den der Arbeitende vor Gott auf sein Brot hätte, spricht die Schrift. Die Arbeit ist zwar befohlen, das Brot aber ist Gottes freie und gnädige Gabe. Dass unsere Arbeit uns Brot verschafft, ist nicht selbstverständlich, sondern Gottes Gnadenordnung. Ihm allein gehört der Tag. So vereinigt sich zur Mitte des Tages die christliche Gemeinde und lässt sich von Gott zu Tische laden. Die Mittagsstunde ist eine der sieben Gebetszeiten der Kirche und des Psalmsängers. Auf der Höhe des Tages ruft die Kirche den dreieinigen Gott an im Lobpreis seiner Wunder und im Gebet um Hilfe und baldige Erlösung. Um Mittag verfinstert sich der Himmel über dem Kreuze Jesu. Das Werk der Versöhnung ging seiner Vollendung entgegen. Wo eine christliche Hausgemeinschaft um diese Stunde zu kurzer Andacht singend oder betend zusammen sein kann, wird sie es nicht vergeblich tun.

Die Arbeit des Tages geht zu Ende. Wo sie hart und voll Mühe war, dort wird der Christ verstehen, was Paul Gerhardt meinte, wenn er sang:

„Das Haupt, die Füß und Hände
sind froh, dass nun zu Ende
die Arbeit kommen sei,
Herz, freu dich, du sollst werden
vom Elend dieser Erden
und von der Sündenarbeit frei."

Ein Tag ist lang genug, um Glauben zu bewahren, der morgige Tag wird seine eigene Sorge haben.

Wieder versammelt sich die christliche Hausgemeinschaft. Die abendliche Tischgemeinschaft und die letzte Andacht vereinigt sie. Mit den Jüngern in Emmaus bitten sie: „Herr, bleibe bei uns; denn es will Abend werden, und der Tag hat sich geneigt." Es ist gut, wenn die Abendandacht wirklich am Ende des Tages stehen und so das letzte Wort vor der Nachtruhe sein kann. Wenn die Nacht hereinbricht, leuchtet der Gemeinde das wahre Licht des göttlichen Wortes heller. Psalmengebet, Schriftlesung, Lied und gemeinsames Gebet beschließen den Tag, wie sie ihn begannen. Nur zum Abendgebet bleiben noch einige Worte zu sagen. Hier ist der besondere Ort für die gemeinsame Fürbitte. Nach vollbrachtem Tageswerk bitten wir Gott um Segen, Frieden und Bewahrung für die ganze Christenheit, für unsere Gemeinde, für die Pfarrer im Amt, für alle Armen, Elenden, Einsamen, für die Kranken und Sterbenden, für unsere Nachbarn, für die Unsern daheim und für unsere Gemeinschaft. Wann könnten wir tiefer um Gottes Macht und Wirken wissen als in der Stunde, da wir die Arbeit aus den Händen legen und uns seinen treuen Händen befehlen? Wann sind wir zum Gebet um Segen, Frieden und Bewahrung bereiter als dort, wo unser Tun am Ende ist? Wenn wir müde werden, tut Gott sein Werk. „Der Hüter Israels schläft noch schlummert nicht" , Sodann gehört in das Abendgebet der christlichen Hausgemeinschaft besonders die Bitte um Vergebung alles Unrechts, das wir an Gott und an unsern Brüdern getan haben, um die Vergebung Gottes, um die Vergebung der Brüder und um die Bereitschaft, alles uns angetane Unrecht gern zu vergeben. Es ist ein alter Brauch der Klöster, dass in der Abendandacht der Abt nach fester Ordnung seine Brüder um Vergebung bittet für alle an den Brüdern begangene Versäumnis und Schuld, und dass nach dem Vergebungswort der Brüder diese gleicherweise den Abt um Vergebung ihrer Versäumnisse und Schuld bitten und von ihm die Vergebung empfangen. „Lasset die Sonne nicht über eurem Zorne untergehen“ (Eph 4,26). Es ist eine entscheidende Regel jeder christlichen Gemeinschaft, dass alle Zertrennung, die der Tag angerichtet hat, am Abend geheilt sein muss. Es ist gefährlich für den Christen, sich mit unversöhntem Herzen schlafen zu legen. Darum ist es gut, wenn in das allabendliche Gebet die Bitte um die brüderliche Vergebung besonders mit aufgenommen wird; zur Versöhnung und zur Begründung neuer Gemeinschaft. Schließlich fällt uns bei allen alten Abendgebeten auf, wie häufig die Bitte um Bewahrung in der Nacht vor dem Teufel, Schrecken, vor bösem, schnellem Tod begegnet. Die Alten wussten noch etwas von der Ohnmacht des Menschen im Schlaf, von der Verwandtschaft des Schlafes mit dem Tode, von der List des Teufels, den Menschen zu Fall zu bringen, wenn er wehrlos ist. Darum betet sie um den Beistand der heiligen Engel und ihrer güldenen Waffen, um die Gegenwart der Heerscharen Gottes, wenn der Satan Gewalt über uns gewinnen will. Am merkwürdigsten und tiefsten ist die altkirchliche Bitte, Gott wolle, wenn unsere Augen schlafen, doch unser Herz wach sein lassen zu ihm. Es ist das Gebet darum, dass Gott bei uns und in uns wohnen wolle, auch wenn wir nichts spüren und wissen, dass er unser Herz rein und heilig halten wolle vor allen Sorgen und Anfechtungen der Nacht, dass er es bereit machen wolle, seinen Ruf jederzeit zu hören und wie der Knabe Samuel auch des Nachts zu antworten: „Rede, Herr, dein Knecht hört" (1Sam 3,10). Auch im Schlafen sind wir in der Hand Gottes oder in der Gewalt des Bösen. Auch im Schlafen kann Gott an uns Wunder schaffen oder der Böse in uns Verheerung anrichten. So beten wir am Abend:

„So unsre Augen schlafen hier,
lass unsre Herzen wachen dir;
beschirm uns, Gottes rechte Hand,
und lös uns von der Sünde Band" (Luther).

Über Morgen und Abend aber steht das Wort des Psalters: „Tag und Nacht ist Dein" (Ps 74,16).

DER EINSAME TAG

Dir wird Schweigen als Lobpreis, Gott, in Zion" (Ps 65,2). Viele suchen die Gemeinschaft aus Furcht vor der Einsamkeit. Weil sie nicht mehr allein sein können, treibt es sie unter die Menschen. Auch Christen, die nicht allein mit sich fertig werden können, die mit sich selbst schlechte Erfahrungen gemacht haben, hoffen in der Gemeinschaft anderer Menschen Hilfe zu erfahren. Meist werden sie enttäuscht und machen dann der Gemeinschaft zum Vorwurf, was ihre eigenste Schuld ist. Die christliche Gemeinschaft ist kein geistliches Sanatorium. Wer auf der Flucht vor sich selbst bei der Gemeinschaft einkehrt, der missbraucht sie zum Geschwätz und zur Zerstreuung, und mag dieses Geschwätz und diese Zerstreuung noch so geistlich aussehen. In Wahrheit sucht er gar nicht die Gemeinschaft, sondern den Rausch, der die Vereinsamung für kurze Zeit vergessen lässt und gerade dadurch die tödliche Vereinsamung des Menschen schafft. Zersetzung des Wortes und aller echten Erfahrung und zuletzt die Resignation und der geistliche

Tod sind das Ergebnis solcher Heilungsversuche.

Wer nicht allein sein kann, der hüte sich vor der Gemeinschaft. Er wird sich selbst und der Gemeinschaft nur Schaden tun. Allein standest du vor Gott, als er dich rief, allein musstest du dem Ruf folgen, allein musstest du dein Kreuz aufnehmen, musstest du kämpfen und beten, und allein wirst du sterben und Gott Rechenschaft geben. Du kannst dir selbst nicht ausweichen; denn Gott selbst hat dich ausgesondert. Willst du nicht allein sein, so verwirfst du den Ruf Christi an dich und kannst an der Gemeinschaft der Berufenen keinen Anteil haben. „Wir sind allesamt zum Tode gefordert und wird keiner für den andern sterben, sondern ein jeglicher in eigener Person für sich mit dem Tod kämpfen … ich werde dann nicht bei dir sein, noch du bei mir“ (Luther).

Umgekehrt aber gilt der Satz: *Wer nicht in der Gemeinschaft steht, der hüte sich vor dem Alleinsein.* In der Gemeinde bist du berufen, der Ruf galt nicht dir allein, in der Gemeinde der Berufenen trägst du dein Kreuz, kämpfst du und betest du. Du bist nicht allein, selbst im Sterben und am Jüngsten Tage wirst du nur ein Glied der großen Gemeinde Jesu Christi sein. Missachtest du die Gemeinschaft der Brüder, so verwirfst du den Ruf Jesu Christi, so kann dein Alleinsein dir nur zum Unheil werden. „Soll ich sterben, so bin ich nicht allein im Tode, leide ich, so leiden sie (die Gemeinde) mit mir“ (Luther).

Wir erkennen: Nur in der Gemeinschaft stehend können wir allein sein, und nur wer allein ist, kann in der Gemeinschaft leben. Beides gehört zusammen.

Nur in der Gemeinschaft lernen wir recht allein sein und nur im Alleinsein lernen wir recht in der Gemeinschaft stehen. Es ist nicht so, dass eins vor dem andern wäre, sondern es hebt beides zu gleicher Zeit an, nämlich mit dem Ruf Jesu Christi.

Jedes für sich genommen hat tiefe Abgründe und Gefahren. Wer Gemeinschaft will ohne Alleinsein, der stürzt in die Leere der Worte und Gefühle, wer Alleinsein sucht ohne Gemeinschaft, der kommt im Abgrund der Eitelkeit, Selbstvernarrtheit und Verzweiflung um.

Wer nicht allein sein kann, der hüte sich vor der Gemeinschaft. Wer nicht in der Gemeinschaft steht, der hüte sich vor dem Alleinsein.

Der gemeinsame Tag der christlichen Hausgemeinschaft wird begleitet von dem einsamen Tag jedes Einzelnen. Das muss so sein. Unfruchtbar ist der gemeinsame Tag ohne den einsamen Tag für die Gemeinschaft wie für den Einzelnen.

Das Merkmal der Einsamkeit ist das Schweigen, wie das Wort das Merkmal der Gemeinschaft ist. Schweigen und Wort stehen in derselben inneren Verbundenheit und Unterschiedenheit wie Alleinsein und Gemeinschaft. Es gibt eines nicht ohne das andere. Das rechte Wort kommt aus dem Schweigen und das rechte Schweigen kommt aus dem Wort.

Schweigen heißt nicht Stummsein, wie Wort nicht Gerede heißt. Stummsein schafft nicht Einsamkeit und Gerede schafft nicht Gemeinschaft. „Schweigen ist das Übermaß, die Trunkenheit und das Opfer des Wortes. Die Stummheit aber ist unheilig, wie ein Ding, das nur verstümmelt, nicht geopfert wurde … Zacharias war stumm, anstatt schweigsam zu sein. Hätte er die Offenbarung angenommen, vielleicht wäre er dann nicht stumm, sondern schweigend aus dem Tempel gekommen“ (Ernest Hello). Das Wort, das die Gemeinschaft neu begründet und zusammenschließt, wird begleitet vom Schweigen. „Schweigen und reden hat seine Zeit“ (Pred 3,7). Wie es am Tage des Christen bestimmte Stunden für das Wort gibt, besonders die gemeinsame Andachts- und Gebetszeit, so braucht der Tag auch bestimmte Zeiten des Schweigens unter dem Wort und aus dem Wort. Das werden vor allem die Zeiten vor und nach dem Hören des Wortes sein. Das Wort kommt nicht zu den Lärmenden, sondern zu den Schweigenden. Die Stille des Tempels ist das Zeichen der heiligen Gegenwart Gottes in seinem Wort.

Es gibt eine Gleichgültigkeit, ja, eine Ablehnung, die im Schweigen eine Geringschätzung der Offenbarung Gottes im Wort erblickt. Hier wird das Schweigen als die feierliche Gebärde, als mystisches „Über-das-Wort-Hinauswollen“- missverstanden. Das Schweigen wird nicht mehr erkannt in seiner wesenhaften Beziehung auf das Wort, als das schlichte Stillwerden des Einzelnen unter dem Worte Gottes. Wir schweigen vor dem Hören des Wortes, weil unsere Gedanken schon auf das Wort gerichtet sind, wie ein Kind schweigt, wenn es in das Zimmer des Vaters tritt. Wir schweigen nach dem Hören des Wortes, weil das Wort noch in uns redet und lebt und Wohnung macht. Wir schweigen am frühen Morgen des Tages, weil Gott das erste Wort haben soll, und wir schweigen vor dem Schlafengehen, weil Gott auch das letzte Wort gehört. Wir schweigen allein um des Wortes willen, also gerade nicht, um dem Wort Unehre zu tun, sondern um es recht zu ehren und aufzunehmen. Schweigen heißt schließlich nichts anderes als auf Gottes Wort warten und von Gottes Wort gesegnet herkommen. Dass dies aber nötig ist zu lernen in einer Zeit, in der das Gerede überhand genommen hat, das weiß jeder von sich selbst, und dass es dabei eben darum geht, wirklich zu schweigen, stille zu sein, seiner Zunge einmal Einhalt zu gebieten, das ist schließlich nur die nüchterne Folge des geistlichen Schweigens.

Es wird aber das Schweigen vor dem Wort sich auswirken auf den ganzen Tag. Haben wir vor dem Wort schweigen gelernt, so werden wir mit Schweigen und Reden auch am Tag haushalten lernen. Es gibt ein unerlaubtes, selbstgefälliges, ein hochmütiges, ein beleidigendes Schweigen. Schon daraus geht hervor, dass es niemals um das Schweigen an sich gehen kann. Das Schweigen des Christen ist hörendes Schweigen, demütiges Schweigen, das um der Demut willen auch jederzeit durchbrochen werden kann. Es ist das Schweigen in Verbindung mit dem Wort. So meint es Thomas à Kempis, wenn er sagt: „Keiner redet sicherer als wer gern schweigt". Es liegt im Stillesein eine wunderbare Macht der Klärung, der Reinigung, der Sammlung auf das Wesentliche. Das ist schon eine rein profane Tatsache. Das Schweigen vor dem Wort aber führt zum rechten Hören und damit auch zum rechten Reden des Wortes Gottes zur rechten Stunde. Viel Unnötiges bleibt ungesagt. Das Wesentliche und Hilfreiche aber kann in wenigen Worten gesagt sein.

Wo eine Hausgemeinschaft räumlich eng beieinander wohnt und dem Einzelnen äußerlich die nötige Stille nicht geben kann, dort sind feste Schweigezeiten unentbehrlich. Wir begegnen dem Andern anders und neu nach einer Zeit des Schweigens. Manche Hausgemeinschaft wird nur durch eine feste Ordnung in dieser Hinsicht dem Einzelnen sein Alleinsein sichern und damit die Gemeinschaft selbst vor Schaden bewahren können.

Wir wollen hier nicht von dem reden, was im Alleinsein und Schweigen den Christen alles an Früchten wunderbarster Art zuwachsen kann. Allzuleicht geriete man hier auf gefährliche Abwege; auch ließen sich wohl manche dunklen Erfahrungen aufzählen, die aus dem Schweigen herauswachsen können. Das Schweigen kann eine furchtbare Wüste sein mit all ihren Einöden und Schrecken. Es kann auch ein Paradies des Selbstbetruges sein, und eins ist nicht besser als das andere. Darum, wie dem auch sei: Keiner erwarte vom Schweigen etwas anderes als die schlichte Begegnung mit dem Worte Gottes, um deswillen er ins Schweigen gekommen ist. Diese Begegnung aber wird ihm geschenkt werden. Der Christ stelle keine Bedingungen, wie er diese Begegnung erwartet oder erhofft, sondern er nehme sie hin, wie sie kommt, und sein Schweigen wird reichlich belohnt werden.

Drei Dinge sind es, für die der Christ am Tage seine feste Zeit für sich allein braucht: die *Schriftbetrachtung*, das *Gebet*, die *Fürbitte*. Alle drei soll er in der täglichen *Meditationszeit* finden. Es liegt dabei nichts an diesem Wort. Es ist ein altes Wort der Kirche und der Reformation, das wir hier aufnehmen.

Man könnte fragen, warum hierfür eine besondere Zeit nötig sei, da wir doch alles in der gemeinsamen Andacht schon haben. Das Folgende wird die Antwort darauf geben.

Die Meditationszeit dient der persönlichen Schriftbetrachtung, dem persönlichen Gebet und der persönlichen Fürbitte, sonst keinem andern Zweck. Geistliche Experimente haben hier keinen Raum. Aber für diese drei Dinge muss Zeit da sein, denn Gott selbst fordert sie von uns. Wenn uns die Meditation lange Zeit nichts anderes bedeutete als dies eine, dass wir Gott einen schuldigen Dienst leisten, so wäre das genug.

Die Meditationszeit lässt uns nicht in die Leere und den Abgrund des Alleinseins versinken, sondern sie lässt uns allein sein mit dem Wort. Damit gibt sie uns festen Grund, auf dem wir stehen, und klare Wegweisung für die Schritte, die wir zu tun haben.

Während wir in der gemeinsamen Andacht einen langen fortlaufenden Text lesen, halten wir uns in der Schriftmeditation an einen kurzen ausgewählten Text, der möglicherweise eine ganze Woche hindurch nicht wechselt. Werden wir durch das gemeinsame Schriftlesen mehr in die Weite und das Ganze der Heiligen Schrift geführt, so hier in die unergründliche Tiefe jedes einzelnen Satzes und Wortes. Beides ist gleich notwendig, „auf dass ihr begreifen möget mit allen

Heiligen, was da sei die Breite und die Länge und die Tiefe und die Höhe“ (Eph 3,18).

Wir lesen in der Meditation den uns gegebenen Text auf die Verheißung hin, dass er uns ganz persönlich für den heutigen Tag und für unsern Christenstand etwas zu sagen habe, dass es nicht nur Gottes Wort für die Gemeinde, sondern auch Gottes Wort für mich persönlich ist. Wir setzen uns dem einzelnen Satz und Wort so lange aus, bis wir persönlich von ihm getroffen sind. Damit tun wir nichts anderes, als was der schlichteste, ungelehrteste Christ täglich tut, wir lesen Gottes Wort als Gottes Wort für uns. Wir fragen also nicht, was dieser Text andern Menschen zu sagen habe, für uns Prediger heißt das, wir fragen nicht, wie wir über den Text predigen oder unterrichten würden, sondern was er uns selbst ganz persönlich zu sagen hat. Dass wir dazu den Text erst einmal seinem Inhalt nach verstanden haben müssen, ist gewiss, aber wir treiben hier nicht Textauslegung, nicht Predigtvorbereitung, nicht Bibelstudium irgendwelcher Art, sondern wir warten auf Gottes Wort an uns. Es ist kein leeres Warten, sondern ein Warten auf klare Verheißung hin. Oft sind wir so belastet und überhäuft mit andern Gedanken und Bildern, Sorgen, dass es lange dauert, ehe Gottes Wort das alles beiseitegeräumt hat und zu uns durchdringt. Aber es kommt gewiss, so gewiss Gott selbst zu den Menschen gekommen ist und wiederkommen will. Eben darum werden wir unsere Meditation mit dem Gebet beginnen, Gott wolle seinen Heiligen Geist durch sein Wort zu uns senden und uns sein Wort offenbaren und uns erleuchten.

Es ist nicht nötig, dass wir in der Meditation durch den ganzen Text hindurchkommen. Oft werden wir bei einem einzigen Satz oder gar bei einem Wort stehen bleiben müssen, weil wir von ihm festgehalten werden, gestellt sind und nicht mehr ausweichen können. Genügt nicht oft das Wort „Vater", „Liebe", „Barmherzigkeit", „Kreuz", „Heiligung", „Auferstehung", um unsere kurze Meditationszeit überreichlich auszufüllen?

Es ist nicht nötig, dass wir in der Meditation darum bemüht sind, in Worten zu denken und zu beten. Das schweigende Denken und Beten, das nur aus dem Hören kommt, kann oftmals förderlicher sein.

Es ist nicht nötig, dass wir in der Meditation neue Gedanken finden. Das lenkt uns oft nur ab und befriedigt unsere Eitelkeit. Es genügt vollkommen, wenn das Wort, wie wir es lesen und verstehen, in uns eindringt und bei uns Wohnung macht. Wie Maria das Wort der Hirten „in ihrem Herzen bewegte", wie uns das Wort eines Menschen oft lange Zeit nachgeht, in uns wohnt, arbeitet, uns beschäftigt, beunruhigt oder beglückt, ohne dass wir etwas dazu tun könnten, so will Gottes Wort in der Meditation in uns eingehen und bei uns bleiben, es will uns bewegen, in uns arbeiten, wirken, dass wir den ganzen Tag lang nicht mehr davon loskommen, und es wird dann sein Werk an uns tun, oft ohne dass wir davon wissen.

Es ist vor allem nicht nötig, dass wir bei der Meditation irgendwelche unerwarteten, außergewöhnlichen Erfahrungen machen. Das kann so sein, ist es aber nicht so, so ist das kein Zeichen einer vergeblichen

Meditationszeit. Es wird sich nicht nur am Anfang, sondern immer wieder zu Zeiten eine große innerliche Dürre und Gleichgültigkeit bei uns bemerkbar machen, eine Unlust, ja Unfähigkeit zur Meditation. Wir dürfen dann an solchen Erfahrungen nicht hängen bleiben. Wir dürfen uns durch sie vor allem nicht davon abbringen lassen, mit großer Geduld und Treue unsere Meditationszeit nun gerade einzuhalten. Es ist darum nicht gut, wenn wir die vielen bösen Erfahrungen, die wir in der Meditationszeit mit uns selbst machen, allzu ernst nehmen. Hier könnte sich auf einem frommen Umwege unsere alte Eitelkeit und unser unerlaubter Anspruch an Gott einschleichen, als hätten wir irgendein Recht auf lauter erhebende und beglückende Erfahrungen, und als sei die Erfahrung unserer inneren Armut unserer unwürdig. In solcher Haltung aber kommen wir nicht weiter. Durch Ungeduld und Selbstvorwürfe fördern wir nur unsere Selbstgefälligkeit und verstricken uns immer tiefer in das Netz der Selbstbeobachtung. Zur Selbstbeobachtung aber ist in der Meditation ebensowenig Zeit wie im christlichen Leben überhaupt. Auf das Wort allein sollen wir achten, und alles seiner Wirksamkeit anheimstellen. Kann es denn nicht sein, dass Gott uns selbst die Stunden der Leere und Dürre schickt, damit wir wieder alles von seinem Wort erwarten? „Suche Gott, nicht Freude" – das ist die Grundregel aller Meditation. Suchst du Gott allein, so wirst du Freude empfangen, – das ist die Verheißung aller Meditation.

Die Schriftbetrachtung führt ins Gebet. Wir sprachen schon davon, dass es der verheißungsvollste Weg zum Gebet ist, sich vom Schriftwort leiten zu lassen, aufgrund des Schriftwortes zu beten. So verfallen wir nicht unserer eigenen Leere. Beten heißt dann nichts anderes als die Bereitschaft für die Aneignung des Wortes, und zwar für mich in meiner persönlichen Lage, in meinen besonderen Aufgaben, Entscheidungen, Sünden und Versuchungen. Was in das Gebet der Gemeinschaft niemals eingehen kann, das darf hier vor Gott im Schweigen laut werden. Auf dem Grund des Schriftwortes beten wir um Klarheit für unsern Tag, um Bewahrung vor Sünde, um Wachsen in der Heiligung, um Treue und Kraft für unsere Arbeit, und wir dürfen der Erhörung unseres Gebetes gewiss sein, weil es aus Gottes Wort und Verheißung kommt. Weil Gottes Wort seine Erfüllung in Jesus Christus gefunden hat, darum sind alle Gebete, die wir aufgrund dieses Wortes beten, in Jesus Christus gewiss erfüllt und erhört.

Es ist eine besondere Not der Meditationszeit, dass unsere Gedanken sich leicht zerstreuen und eigene Wege gehen, zu andern Menschen oder zu irgendwelchen Ereignissen unseres Lebens hin. So sehr uns das immer wieder betrübt und beschämt, dürfen wir doch auch hier nicht kleinmütig und ängstlich werden oder gar meinen, diese Meditationszeit sei eben nichts für uns. Es bedeutet manchmal eine Hilfe, wenn wir in solcher Lage unsere Gedanken nicht krampfhaft zurückreißen, sondern ganz ruhig die Menschen und die Ereignisse, bei denen sie immer wieder verweilen wollen, in unser Gebet hineinziehen und so in aller Geduld wieder zum Ausgangspunkt der Meditation zurückkehren.

Wie wir unser persönliches Gebet an das Wort der Schrift anschließen, so tun wir es auch mit der Fürbitte. Es ist nicht möglich, in der gemeinsamen Andacht all der Menschen fürbittend zu gedenken, die uns befohlen sind, oder doch es so zu tun, wie es von uns gefordert ist. Jeder Christ hat seinen eigenen Kreis von Menschen, die ihn um seine Fürbitte gebeten haben oder für die er sich aus bestimmten Gründen zur Fürbitte aufgerufen weiß. Es werden zu allererst diejenigen sein, mit denen er täglich zusammenleben soll. Damit sind wir an einen Punkt vorgedrungen, an dem wir das Herz alles christlichen Zusammenlebens schlagen hören. Eine christliche Gemeinschaft lebt aus der Fürbitte der Glieder füreinander oder sie geht zugrunde. Einen Bruder, für den ich bete, kann ich bei aller Not, die er mir macht, nicht mehr verurteilen oder hassen. Sein Angesicht, das mir vielleicht fremd und unerträglich war, verwandelt sich in der Fürbitte in das Antlitz des Bruders, um dessentwillen Christus starb, in das Antlitz des begnadigten Sünders. Das ist eine beseligende Entdeckung für den Christen, der anfängt, Fürbitte zu tun. Es gibt keine Abneigung, keine persönliche Spannung oder Entzweiung, die nicht in der Fürbitte, was uns betrifft, überwunden werden könnte. Die Fürbitte ist das Läuterungsbad, in das der einzelne und die Gemeinschaft täglich hinein müssen. Es kann ein hartes Ringen mit dem Bruder in der Fürbitte sein, aber es hat die Verheißung, zum Ziel zu führen.

Wie geschieht das? Fürbitte tun heißt nichts anderes als den Bruder vor Gott bringen, ihn unter dem Kreuz Jesu sehen als den armen Menschen und Sünder, der Gnade braucht. Da fällt alles ab, was mich von ihm abstößt, da sehe ich ihn in aller seiner Bedürftigkeit und Not, da wird seine Not und seine

Sünde mir so groß und so bedrückend, als wäre sie meine eigene, und nun kann ich nicht mehr anders als bitten: Herr, handle Du selbst, Du allein mit ihm, nach Deinem Ernst und Deiner Güte. Fürbitte tun heißt: dem Bruder dasselbe Recht einräumen, das wir empfangen haben, nämlich vor Christus zu stehen und an seiner Barmherzigkeit Anteil zu haben.

Es ist damit deutlich, dass auch die Fürbitte ein schuldiger Dienst an Gott und unserem Bruder ist, der täglich getan sein will. Wer dem Nächsten die Fürbitte versagt, der versagt ihm den Christendienst. Es ist weiterhin klar geworden, dass die Fürbitte nicht eine allgemeine, verschwommene, sondern eine ganz konkrete Sache ist. Es geht um bestimmte Menschen, um bestimmte Schwierigkeiten und darum um bestimmte Bitten. Je klarer meine Fürbitte wird, desto verheißungsvoller ist sie.

Wir können uns endlich auch der Einsicht nicht mehr verschließen, dass der Dienst der Fürbitte Zeit beansprucht, von jedem Christen, am meisten vom Pfarrer, dem eine ganze Gemeinde aufliegt. Die Fürbitte allein würde, wenn sie recht getan würde, die tägliche Meditationszeit füllen. In dem allen wird es sich erweisen, dass die Fürbitte ein Geschenk der Gnade Gottes für jede christliche Gemeinschaft und für jeden Christen ist. Weil uns hier ein unermesslich großes Angebot gemacht ist, werden wir es auch freudig ergreifen. Gerade die Zeit, die wir der Fürbitte geben, wird uns täglich eine Quelle neuer Freude an Gott und an der christlichen Gemeinde sein.

Weil es in Schriftbetrachtung, Gebet und Fürbitte

um einen schuldigen Dienst geht und weil in diesem Dienst sich Gottes Gnade finden lässt, sollen wir uns darin üben, hierfür eine feste Zeit des Tages anzusetzen wie für jeden andern Dienst, den wir tun. Das ist nicht „Gesetzlichkeit", sondern Ordnung und Treue. Der frühe Morgen wird sich für die meisten als der rechte Zeitpunkt erweisen. Wir haben auch vor andern Menschen ein Recht auf diese Zeit und dürfen sie uns allen äußeren Schwierigkeiten zum Trotz als völlig ungestörte, stille Zeit erzwingen. Für den Pfarrer ist das eine unerlässliche Pflicht, von der seine ganze Amtsführung abhängen wird. Wer will in großen Dingen wirklich treu sein, wenn er die Treue in den täglichen Dingen nicht gelernt hat?

Jeder Tag bringt dem Christen viele Stunden des Alleinseins mitten in einer unchristlichen Umwelt. Das ist die Zeit der *Bewährung.* Das ist die Probe auf eine rechte Meditationszeit und auf eine rechte christliche Gemeinschaft. Hat die Gemeinschaft dazu gedient, den einzelnen frei, stark und mündig zu machen, oder hat sie ihn unselbstständig und abhängig gemacht? Hat sie ihn eine Weile an der Hand genommen, damit er wieder lernt, eigene Schritte zu tun, oder hat sie ihn ängstlich und unsicher gemacht? Das ist eine der ernstesten und schwersten Fragen an jede christliche Lebensgemeinschaft. Weiter wird sich hier entscheiden, ob die Meditationszeit den Christen in eine unwirkliche Welt geführt hat, aus der er mit Schrecken erwacht, wenn er wieder in die irdische Welt seiner Arbeit hinaustritt, oder ob sie ihn in die wirkliche Welt Gottes geführt hat, aus der er gestärkt und gereinigt in den Tag hineingeht? Hat sie ihn für kurze Augenblicke in einen geistlichen Rausch versetzt, der verfliegt, wenn der Alltag kommt, oder hat sie ihm das Wort Gottes so nüchtern und so tief in das Herz gesenkt, dass es ihn den ganzen Tag festhält und stärkt, dass es ihn zur tätigen Liebe, zum Gehorsam, zum guten Werk führt? Der Tag nur kann darüber entscheiden. Ist die unsichtbare Gegenwart der christlichen Gemeinschaft für den einzelnen eine Wirklichkeit und eine Hilfe? Trägt mich die Fürbitte der andern durch den Tag? Ist das Wort Gottes mir nahe als Trost und Kraft? Oder missbrauche ich das Alleinsein gegen die Gemeinschaft, gegen das Wort und das Gebet? Der einzelne muss wissen, dass auch die Stunde seines Alleinseins zurückwirkt auf die Gemeinschaft. In seinem Alleinsein kann er die Gemeinschaft zerreißen und beflecken, und er kann sie stärken und heiligen. Jede Selbstzucht des Christen ist auch ein Dienst an der Gemeinschaft. Umgekehrt gibt es keine noch so persönliche oder heimliche Sünde mit Gedanken, Wort oder Tat, die nicht der ganzen Gemeinschaft Schaden zufügte. Ein Krankheitsstoff gerät in den Körper, noch weiß man vielleicht nicht, woher er kommt, in welchem Glied er steckt, aber der Körper ist vergiftet. Das ist das Bild der christlichen Gemeinschaft. Weil wir Glieder an einem Leibe *sind,* nicht nur dann, wenn wir es wollen, sondern in unserem ganzen Sein, darum dient jedes Glied dem ganzen Leib, zur Gesundheit oder zum Verderben. Das ist nicht Theorie, sondern eine geistliche Wirklichkeit, die in der christlichen Gemeinschaft oft erschütternd deutlich, zerstörend oder beglückend, erfahren wird.

Wer nach bestandenem Tage in die christliche Hausgemeinschaft zurückkehrt, der bringt den Segen des Alleinseins mit, er selbst aber empfängt aufs Neue den Segen der Gemeinschaft. Gesegnet, wer allein ist in der Kraft der Gemeinschaft, gesegnet, wer Gemeinschaft hält in der Kraft des Alleinseins. Die Kraft des Alleinseins und die Kraft der Gemeinschaft aber ist allein die Kraft des Wortes Gottes, das dem Einzelnen in der Gemeinschaft gilt.

DER DIENST

Es kam auch ein Gedanke unter sie, welcher unter ihnen der Größte wäre“ (Lk 9,46). Wer diesen Gedanken unter die christliche Gemeinschaft sät, wissen wir. Vielleicht bedenken wir aber nicht genug, dass keine christliche Gemeinschaft zusammenkommen kann, ohne dass alsbald dieser Gedanke auftaucht als Saat der Zwietracht. Kaum dass Menschen beieinander sind, müssen sie anfangen, einander zu beobachten, zu beurteilen, einzuordnen. Damit hebt schon im Entstehen christlicher Gemeinschaft ein unsichtbarer, oft unbewusster, furchtbarer Streit auf Leben und Tod an. „Es kam auch ein Gedanke unter sie“ – das genügt, um die Gemeinschaft zu zerstören. Darum ist es für jede christliche Gemeinschaft lebensnotwendig, dass sie von der ersten Stunde an diesen gefährlichen Feind ins Auge fasst und ausrottet. Hier ist keine Zeit zu verlieren; denn vom ersten Augenblick der Begegnung mit dem Andern an sucht der Mensch nach der Kampfstellung, die er dem Andern gegenüber beziehen und durchhalten kann. Da sind Starke und

Schwache; ist er selbst nicht stark, nun, so ergreift er alsbald das Recht des Schwachen als sein eigenes und führt es gegen die Starken. Da sind Begabte und Unbegabte, Einfache und Schwierige, Fromme und weniger Fromme, Gemeinschaftsmenschen und Eigenbrödler. Hat nicht der Unbegabte ebenso eine Position zu beziehen wie der Begabte, der Schwierige wie der Einfache? Und bin ich nicht begabt, so bin ich doch vielleicht fromm, oder bin ich nicht fromm, so will ich es auch gar nicht sein. Kann nicht der Gemeinschaftsmensch im Augenblick alles für sich gewinnen und den Eigenbrödler bloßstellen, und kann nicht der Eigenbrödler der unüberwindliche Feind und schließliche Besieger des Gemeinschaftsmenschen werden? Welcher Mensch fände nicht mit instinktiver Sicherheit den Ort, an dem er stehen und sich verteidigen kann, den er aber nie und nimmer einem andern einräumen wird, um den er kämpfen wird mit seinem ganzen Trieb zur Selbstbehauptung? Das alles kann unter den zivilsten oder auch frömmsten Formen geschehen, aber es kommt darauf an, dass eine christliche Gemeinschaft weiß, dass ganz gewiss irgendwo „ein Gedanke unter sie kam, wer der Größte unter ihnen wäre". Es ist der Kampf des natürlichen Menschen um Selbstrechtfertigung. Er findet sie nur am Vergleich mit dem andern, am Urteil, am Gericht über den andern. Selbstrechtfertigung und Richten gehört zusammen, wie Rechtfertigung aus Gnaden und Dienen zusammengehört.

Wir bekämpfen unsere bösen Gedanken oft am wirksamsten, wenn wir ihnen grundsätzlich das Wort verbieten. So gewiss der Geist der Selbstrechtfertigung nur aus dem Geist der Gnade überwunden werden kann, so werden doch die einzelnen richtenden Gedanken dadurch begrenzt und zum Ersticken gebracht, dass man ihnen niemals das Recht einräumt, zu Worte zu kommen, es sei denn als das Bekenntnis der Sünde, von dem wir später zu sprechen haben. Wer seine Zunge im Zaum hält, der beherrscht Seele und Leib (Jak 3,3ff.). So wird es eine entscheidende Regel jedes christlichen Gemeinschaftslebens sein, die dem Einzelnen das heimliche Wort über den Bruder verbietet. Dass damit nicht das persönlich zurechtweisende Wort an den andern gemeint ist, ist deutlich und wird noch gezeigt werden. Unerlaubt aber bleibt das heimliche Wort über den andern, auch dort, wo es unter dem Schein der Hilfe und des Wohlwollens steht; denn gerade in dieser Deckung wird sich der Geist des Bruderhasses immer einschleichen, wenn er nach Schaden trachtet. Es ist hier nicht der Ort, die einzelnen Begrenzungen einer solchen Regel auszuführen. Sie unterliegen der jeweiligen Entscheidung. Die Sache ist klar und biblisch: „Du sitzest und redest wider deinen Bruder; deiner Mutter Sohn verleumdest du – aber ich will dich strafen und will dir's unter Augen stellen“ (Ps 50,20f). „Afterredet nicht untereinander, liebe Brüder. Wer seinem Bruder afterredet und richtet seinen Bruder, der afterredet dem Gesetz und richtet das Gesetz. Richtest du aber das Gesetz, so bist du nicht ein Täter des Gesetzes, sondern ein Richter. Es ist ein einziger Gesetzgeber, der kann seligmachen und verdammen. Wer bist du, der du einen andern richtest?“ (Jak 4,11f). „Lasst kein faul Geschwätz aus eurem Munde gehen, sondern was nützlich zur Besserung ist, da es nottut, dass es holdselig sei zu hören“ (Eph 4,29).

Wo diese Zucht der Zunge von Anfang an geübt wird, dort wird jeder Einzelne eine unvergleichliche Entdeckung machen. Er wird aufhören können, den andern unaufhörlich zu beobachten, ihn zu beurteilen, ihn zu verurteilen, ihm seinen bestimmten, beherrschbaren Platz zuzuweisen und ihm so Gewalt zu tun. Er kann nun den Bruder ganz frei stehen lassen, so wie Gott ihn ihm gegenübergestellt hat. Der Blick weitet sich, und er erkennt zu seinem Erstaunen über seinen Brüdern zum ersten Male den Reichtum der Schöpferherrlichkeit Gottes. Gott hat den andern nicht gemacht, wie ich ihn gemacht hätte. Er hat ihn mir nicht zum Bruder gegeben, damit ich ihn beherrsche, sondern damit ich über ihm den Schöpfer finde. In seiner geschöpflichen Freiheit wird mir nun der Andere Grund zur Freude, während er mir vorher nur Mühe und Not war. Gott will nicht, dass ich den Andern nach dem Bilde forme, das mir gut erscheint, also nach meinem eigenen Bilde, sondern in seiner Freiheit von mir hat Gott den Andern zu seinem Ebenbilde gemacht. Ich kann es niemals im Voraus wissen, wie Gottes Ebenbild im Andern aussehen soll, immer wieder hat es eine ganz neue, allein in Gottes freier Schöpfung begründete Gestalt. Mir mag sie fremd erscheinen, ja ungöttlich. Aber Gott schafft den Andern zum Ebenbilde seines Sohnes, des Gekreuzigten, und auch dieses Ebenbild schien mir ja wahrhaftig fremd und ungöttlich, bevor ich es ergriff.

Nun wird Stärke und Schwachheit, Klugheit oder Torheit, begabt oder unbegabt, fromm oder weniger fromm, nun wird die ganze Verschiedenartigkeit der Einzelnen in der Gemeinschaft nicht mehr Grund zum Reden, Richten, Verdammen, also zur Selbstrechtfertigung sein, sondern sie wird Grund zur Freude aneinander und zum Dienst aneinander. Auch jetzt empfängt jedes Glied der Gemeinschaft seinen bestimmten Ort, aber nicht mehr den, an dem es sich am erfolgreichsten selbst behauptet, sondern den Ort, an dem es seinen Dienst am besten ausrichten kann. Es kommt in einer christlichen Gemeinschaft alles darauf an, dass jeder Einzelne ein unentbehrliches Glied einer Kette wird. Nur wo auch das kleinste Glied fest eingreift, ist die Kette unzerreißbar. Eine Gemeinschaft, die es zulässt, dass ungenutzte Glieder da sind, wird an diesen zugrunde gehen. Es wird darum gut sein, wenn jeder Einzelne auch einen bestimmten Auftrag für die Gemeinschaft erhält, damit er in Stunden des Zweifels weiß, dass auch er nicht unnütz und unbrauchbar ist. Jede christliche Gemeinschaft muss wissen, dass nicht nur die Schwachen die Starken brauchen, sondern dass auch die Starken nicht ohne die Schwachen sein können. Die Ausschaltung der Schwachen ist der Tod der Gemeinschaft.

Nicht Selbstrechtfertigung und darum Vergewaltigung, sondern die Rechtfertigung aus Gnade und darum Dienst soll die christliche Gemeinschaft regieren. Wer einmal in seinem Leben das Erbarmen Gottes erfahren hat, der will fortan nur noch dienen. Der stolze Thron des Richters lockt ihn nicht mehr, sondern er will unten sein bei den Elenden und Geringen, weil dort unten Gott ihn gefunden hat. „Trachtet nicht nach hohen Dingen, sondern haltet euch herunter zu den Niedrigen“ (Röm 12,16).

Wer lernen will zu dienen, der muss zuerst lernen, gering von sich selbst zu denken. „Niemand halte weiter von sich, denn sich gebührt zu halten“ (Röm 12,3). „Sich selbst recht kennen und gering von sich denken zu lernen, das ist die höchste und nützlichste Aufgabe. Nichts aus sich selber machen und dagegen stets von anderen eine gute Meinung haben, das ist große Weisheit und Vollkommenheit“ (Thomas à Kempis). „Haltet euch nicht selbst für klug“ (Röm 12,17). Nur wer aus der Vergebung seiner Schuld in Jesus Christus lebt, wird in rechter Weise gering von sich denken, der wird wissen, dass seine Klugheit hier ganz an ihr Ende kam, als Christus ihm vergab, der erinnert sich der Klugheit der ersten Menschen, die wissen wollten, was gut und böse ist und in dieser Klugheit umkamen. Der erste aber, der auf dieser Erde geboren wurde, war Kain, der Brudermörder. Das ist die Frucht der Klugheit des Menschen. Weil der Christ sich nicht mehr selbst für klug halten kann, darum wird er auch von seinen eigenen Plänen und Absichten gering denken, er wird wissen, dass es gut ist, dass der eigene Wille gebrochen wird in der Begegnung mit dem Nächsten. Er wird bereit sein, den Willen des Nächsten für wichtiger und dringlicher zu halten als den eigenen. Was schadet es, wenn der eigene Plan durchkreuzt wird? Ist es nicht besser, dem Nächsten zu dienen, als den eigenen Willen durchzusetzen?

Aber nicht nur der Wille, sondern auch die Ehre des Andern ist wichtiger als meine eigene. „Wie könnt ihr glauben, die ihr Ehre voneinander nehmt und die Ehre, die von Gott allein ist, suchet ihr nicht“ (Joh 5,44). Das Verlangen nach eigener Ehre hindert den Glauben. Wer eigene Ehre sucht, der sucht schon nicht mehr Gott und den Nächsten. Was schadet es, wenn mir Unrecht widerfährt? Habe ich nicht härtere Strafe von Gott verdient, wenn Gott nicht nach seiner Barmherzigkeit mit mir handelte? Geschieht mir nicht auch im Unrecht tausendmal Recht? Muss es nicht nützlich und gut sein zur Demut, dass ich schweigend und geduldig so geringe Übel ertragen lerne? „Ein geduldiger Geist ist besser denn ein hoher Geist“ (Pred 7,8). Wer aus der Rechtfertigung aus Gnaden lebt, der ist bereit, auch Beleidigungen und Kränkungen ohne Protest, sondern aus Gottes strafender und gnädiger Hand hinzunehmen. Es ist kein gutes Zeichen, wenn man Derartiges nicht mehr hören und ertragen kann, ohne alsbald daran zu erinnern, dass doch auch Paulus z.B. auf seinem Recht als Römer bestanden habe, und dass Jesus dem, der ihn schlug, antwortete: „Warum schlägst du mich?“ Es wird jedenfalls keiner von uns wirklich so handeln wie Jesus und Paulus, der nicht vorher gelernt hat, wie diese unter Kränkung und Schmach zu schweigen. Die Sünde der Empfindlichkeit, die in der Gemeinschaft so rasch aufblüht, zeigt immer wieder, wie viel falsche Ehrsucht und das heißt doch, wie viel Unglaube noch in der Gemeinschaft lebt.

Schließlich muss noch ein Äußerstes gesagt werden. Sich nicht für klug halten, sich herunterhalten zu den Niedrigen, heißt ohne Phrase und in aller Nüchternheit: sich selbst für den größten Sünder halten. Das erregt den ganzen Widerspruch des natürlichen Menschen, aber auch den des selbstbewussten Christen. Es klingt wie eine Übertreibung, wie eine Unwahrhaftigkeit. Und doch hat Paulus selbst von sich gesagt, dass er der vornehmlichste, d. h. der größte Sünder sei (1Tim 1,15), und zwar gerade dort, wo er von seinem Dienst als Apostel spricht. Es kann keine echte Sündenerkenntnis geben, die mich nicht in diese Tiefe hinabführte. Erscheint mir meine Sünde noch irgendwie im Vergleich zu Sünden Anderer geringer, weniger verwerflich, dann erkenne ich überhaupt noch nicht meine Sünde. Meine Sünde ist notwendig die allergrößte, die allerschwerste und verwerflichste. Für die Sünden der Andern findet ja die brüderliche Liebe so viele Entschuldigungen, nur für meine Sünde gibt es gar keine Entschuldigung. Darum ist sie die schwerste. Bis in diese Tiefe der Demut muss hinab, wer dem Bruder in der Gemeinschaft dienen will. Wie könnte ich auch dem in ungeheuchelter Demut dienen, dessen Sünde mir ganz ernsthaft schwerer erschiene als meine eigene. Muss ich mich nicht über ihn erheben, darf ich denn für ihn noch Hoffnung haben? Es wäre geheuchelter Dienst. „Glaube nicht, dass du einen Schritt weit gekommen bist im Werke der Heiligung, wenn du es nicht tief fühlst, dass du geringer bist als alle andern“ (Thomas à Kempis).

Wie wird nun der rechte brüderliche Dienst in der christlichen Gemeinschaft getan? Wir sind heute leicht geneigt, hier schnell zu antworten, dass der einzig wirkliche Dienst am Nächsten der Dienst mit dem Worte Gottes sei. Es ist wahr, dass kein Dienst diesem gleichkommt, dass vielmehr jeder andere Dienst auf ihn ausgerichtet ist. Dennoch besteht eine christliche Gemeinschaft nicht nur aus Predigern des Wortes. Der Missbrauch könnte ungeheuerlich werden, wenn hier einige andere Dinge übersehen würden.

Der *erste* Dienst, den einer dem andern in der Gemeinschaft schuldet, besteht darin, dass er ihn anhört.

Wie die Liebe zu Gott damit beginnt, dass wir sein Wort hören, so ist es der Anfang der Liebe zum Bruder, dass wir lernen, auf ihn zu hören. Es ist Gottes Liebe zu uns, dass er uns nicht nur sein Wort gibt, sondern uns auch sein Ohr leiht. So ist es sein Werk, das wir an unserem Bruder tun, wenn wir lernen, ihm zuzuhören. Christen, besonders Prediger, meinen so oft, sie müssten immer, wenn sie mit andern Menschen zusammen sind, etwas „bieten", das sei ihr einziger Dienst. Sie vergessen, dass Zuhören ein größerer Dienst sein kann als Reden. Viele Menschen suchen ein Ohr, das ihnen zuhört, und sie finden es unter den Christen nicht, weil diese auch dort reden, wo sie hören sollten. Wer aber seinem Bruder nicht mehr zuhören kann, der wird auch bald Gott nicht mehr zuhören, sondern er wird auch vor Gott immer nur reden. Hier fängt der Tod des geistlichen Lebens an, und zuletzt bleibt nur noch das geistliche Geschwätz, die pfäffische Herablassung, die in frommen Worten erstickt. Wer nicht lange und geduldig zuhören kann, der wird am Andern immer vorbeireden und es selbst schließlich gar nicht mehr merken. Wer meint, seine Zeit sei zu kostbar, als dass er sie mit Zuhören verbringen dürfte, der wird nie wirklich Zeit haben für Gott und den Bruder, sondern nur immer für sich selbst, für seine eigenen Worte und Pläne.

Brüderliche Seelsorge unterscheidet sich von der Predigt wesentlich dadurch, dass zum Auftrag des Wortes hier der Auftrag zum Hören hinzutritt. Es gibt auch ein Zuhören mit halben Ohren, in dem Bewusstsein, doch schon zu wissen, was der Andere zu sagen hat. Es ist das ungeduldige, unaufmerksame Zuhören, das den Bruder verachtet und nur darauf wartet, bis man endlich selbst zu Worte kommt und damit den Andern los wird. Das ist keine Erfüllung unseres Auftrages, und es ist gewiss, dass sich auch hier in unserer Stellung zum Bruder nur unser Verhältnis zu Gott widerspiegelt. Es ist kein Wunder, dass wir den größten Dienst des Zuhörens, den Gott uns aufgetragen hat, nämlich das Hören der Beichte des Bruders, nicht mehr zu tun vermögen, wenn wir in geringeren Dingen dem Bruder unser Ohr versagen. Die heidnische Welt weiß heute etwas davon, dass einem Menschen oft allein dadurch geholfen werden kann, dass man ihm ernsthaft zuhört, sie hat auf dieser Erkenntnis eine eigene säkulare Seelsorge aufgebaut, die den Zustrom der Menschen, auch der Christen findet. Die Christen aber haben vergessen, dass ihnen das Amt des Hörens von dem aufgetragen ist, der selbst der große Zuhörer ist und an dessen Werk sie teilhaben sollen. Mit den Ohren Gottes sollen wir hören, damit wir mit dem Worte Gottes reden können.

Der *andere* Dienst, den in einer christlichen Gemeinschaft einer dem andern tun soll, ist die tätige Hilfsbereitschaft. Dabei ist zunächst an die schlichte Hilfe in kleinen und äußeren Dingen gedacht. Es gibt deren eine große Zahl in jedem Gemeinschaftsleben. Keiner ist für den geringsten Dienst zu gut. Die Sorge um den Zeitverlust, den eine so geringe und äußerliche Hilfeleistung mit sich bringt, nimmt meist die eigene Arbeit zu wichtig. Wir müssen bereit werden, uns von Gott unterbrechen zu lassen. Gott wird unsere Wege und Pläne immer wieder, ja täglich durchkreuzen, indem er uns Menschen mit ihren Ansprüchen und Bitten über den Weg schickt. Wir können dann an ihnen vorübergehen, beschäftigt mit den Wichtigkeiten unseres Tages, wie der Priester an dem unter die Räuber Gefallenen vorüberging, vielleicht – in der Bibel lesend. Wir gehen dann an dem sichtbar in unserem Leben aufgerichteten Kreuzeszeichen vorüber, das uns zeigen will, dass nicht unser Weg, sondern Gottes Weg gilt. Es ist eine seltsame Tatsache, dass gerade Christen und Theologen ihre Arbeit oft für so wichtig und dringlich halten, dass sie sich darin durch nichts unterbrechen lassen wollen. Sie meinen damit Gott einen Dienst zu tun und verachten dabei den „krummen und doch geraden Weg" Gottes (Gottfried Arnold). Sie wollen von dem durchkreuzten Menschenweg nichts wissen. Es gehört aber zur Schule der Demut, dass wir unsere Hand nicht schonen, wo sie einen Dienst verrichten kann, und dass wir unsere Zeit nicht in eigene Regie nehmen, sondern sie von Gott füllen lassen. Im Kloster nimmt das Gehorsamsgelübde gegen den Abt dem Mönch das Verfügungsrecht über seine Zeit. Im evangelischen Gemeinschaftsleben tritt der freie Dienst am Bruder an die Stelle des Gelübdes. Nur wo die Hände sich für das Werk der Liebe und der Barmherzigkeit in täglicher Hilfsbereitschaft nicht zu gut sind, kann der Mund das Wort von der Liebe und der Barmherzigkeit Gottes freudig und glaubwürdig verkündigen.

Wir sprechen *drittens* von dem Dienst, der im Tragen des Andern besteht. „Einer trage des Andern Last, so werdet ihr das Gesetz Christi erfüllen" (Gal 6,2). So ist das Gesetz Christi ein Gesetz des Tragens. Tragen ist ein Erleiden. Der Bruder ist dem Christen eine Last, gerade dem Christen. Dem *Heiden* wird der Andere gar nicht erst zur Last. Er geht jeder Belastung durch ihn aus dem Wege, der Christ muss die Last des Bruders tragen. Er muss den Bruder erleiden. Nur als Last ist der Andere wirklich Bruder und nicht beherrschtes Objekt. Die Last der Menschen ist Gott selbst so schwer gewesen, dass er unter ihr ans Kreuz musste. Gott hat die Menschen am Leibe Jesu Christi wahrhaftig erlitten. So aber hat er sie getragen, wie eine Mutter ihr Kind, wie ein Hirte das verlorene Lamm. Gott nahm die Menschen an, da drückten sie ihn zu Boden, aber Gott blieb bei ihnen und sie bei Gott. Im Erleiden der Menschen hat Gott Gemeinschaft mit ihnen gehalten. Es ist das Gesetz Christi, das im Kreuz in Erfüllung ging. An diesem Gesetz bekommen die Christen teil. Sie sollen den Bruder tragen und erleiden, aber, was wichtiger ist, sie können nun auch den Bruder tragen unter dem erfüllten Gesetz Christi.

Auffallend oft spricht die Schrift vom Tragen. Sie vermag mit diesem Wort das ganze Werk Jesu Christi auszudrücken. „Fürwahr er trug unsere Krankheit und lud auf sich unsere Schmerzen, die Strafe lag auf ihm, auf dass wir Frieden hätten“ (Jes 53). Sie kann darum auch das ganze Leben der Christen als Tragen des Kreuzes bezeichnen. Es ist die Gemeinschaft des Leibes Christi, die sich hier verwirklicht. Es ist die Gemeinschaft des Kreuzes, in der einer die Last des andern erfahren muss. Erführe er sie nicht, so wäre es keine christliche Gemeinschaft. Weigerte er sich, sie zu tragen, so verleugnete er das Gesetz Christi.

Es ist zuerst die *Freiheit* des Andern, von der wir früher sprachen, die dem Christen eine Last ist. Sie geht gegen seine Selbstherrlichkeit und doch muss er sie anerkennen. Er könnte sich dieser Last entledigen, indem er den andern nicht freigäbe, sondern vergewaltigte, ihm sein Bild aufprägte. Lässt er aber Gott sein Bild an ihm schaffen, so lässt er ihm damit die Freiheit und trägt selbst die Last solcher Freiheit des andern Geschöpfes. Zur Freiheit des Andern gehört all das, was wir unter Wesen, Eigenart, Veranlagung verstehen, gehören auch die Schwächen und Wunderlichkeiten, die unsere Geduld so hart beanspruchen, gehört alles, was die Fülle der Reibungen, Gegensätze und Zusammenstöße zwischen mir und dem Andern hervorbringt. Die Last des Andern tragen heißt hier, die geschöpfliche Wirklichkeit des Andern ertragen, sie bejahen und in ihrem Erleiden zur Freude an ihr durchdringen.

Besonders schwer wird das, wo Starke und Schwache im Glauben in einer Gemeinschaft verbunden sind. Der Schwache richte nicht den Starken, der Starke verachte nicht den Schwachen. Der Schwache hüte sich vor Hochmut, der Starke vor Gleichgültigkeit. Keiner suche sein eigenes Recht. Fällt der Starke, so bewahre der Schwache sein Herz vor Schadenfreude, fällt der Schwache, so helfe ihm der Starke freundlich wieder auf. Einer braucht so viel Geduld wie der Andere. „Weh dem, der allein ist! Wenn er fällt, so ist keiner da, der ihm aufhilft“ (Pred 4,10). Von diesem Ertragen des Andern in seiner Freiheit spricht wohl auch die Schrift, wenn sie ermahnt: „Vertrage einer den Andern“ (Kol 3,13). „Wandelt mit aller Demut und Sanftmut und Geduld und vertraget einer den Andern in der Liebe“ (Eph 4,2).

Zur Freiheit des Andern kommt ihr Missbrauch in

der Sünde, die dem Christen an seinem Bruder zur Last wird. Die Sünde des Andern ist noch schwerer zu tragen als seine Freiheit; denn in der Sünde wird die Gemeinschaft mit Gott und mit den Brüdern zerrissen. Hier erleidet der Christ den Bruch der in Jesus Christus gestifteten Gemeinschaft am Andern. Hier aber wird auch im Tragen die große Gnade Gottes erst ganz offenbar. Den Sünder nicht verachten, sondern tragen dürfen, heißt ja, ihn nicht verloren geben müssen, ihn annehmen dürfen, ihm die Gemeinschaft bewahren dürfen durch Vergebung. „Liebe Brüder, so ein Mensch etwa von einer Sünde übereilt würde, so helfet ihm wieder zurecht mit sanftmütigem Geist" (Gal 6,1). Wie Christus uns als Sünder trug und annahm, so dürfen wir in seiner Gemeinschaft Sünder tragen und annehmen zur Gemeinschaft Jesu Christi durch Vergebung der Sünden. Wir dürfen die Sünden des Bruders erleiden, wir brauchen nicht zu richten. Das ist Gnade für den Christen; denn welche Sünde geschieht in der Gemeinschaft, bei der er sich nicht zu prüfen und anzuklagen hatte auf seine eigene Untreue im Gebet und in der Fürbitte, auf seinen Mangel an brüderlichem Dienst, an brüderlicher Zurechtweisung und Tröstung, ja auf seine persönliche Sünde, auf seine geistliche Zuchtlosigkeit, mit der er sich, der Gemeinschaft und den Brüdern Schaden getan hat? Weil jede Sünde des Einzelnen die ganze Gemeinschaft belastet und verklagt, darum jauchzt die Gemeinde in allem Schmerz, der ihr durch die Sünde des Bruders zugefügt wird, und unter aller Last, die damit auf sie fällt, dass sie gewürdigt ist, Sünde zu tragen und zu vergeben. „Siehe, so trägst du sie alle, so tragen sie dich wiederum alle und sind alle Dinge gemein, Gut und Böse" (Luther).

Den Dienst der Vergebung tut einer dem Andern täglich. *Ohne Worte* geschieht er in der Fürbitte füreinander; und jedes Glied der Gemeinschaft, das in diesem Dienst nicht müde wird, darf sich darauf verlassen, dass auch ihm dieser Dienst von den Brüdern getan wird. Wer selbst trägt, weiß sich getragen, und nur in dieser Kraft kann er selbst tragen.

Wo nun der Dienst des Hörens, der tätigen Hilfe, des Tragens treu getan wird, kann auch das Letzte und Höchste geschehen, der Dienst mit dem Worte Gottes.

Es geht hier um das freie, nicht an Amt, Zeit und Ort gebundene Wort von Mensch zu Mensch. Es geht um die in der Welt einzigartige Situation, in der ein Mensch dem andern mit menschlichen Worten den ganzen Trost Gottes und die Ermahnung, die Güte und den Ernst Gottes bezeugt. Dieses Wort ist von unendlichen Gefahren umlauert. Ist ihm das rechte Hören nicht vorangegangen, wie sollte es dann wirklich das rechte Wort für den Andern sein? Steht es im Widerspruch zur tätigen Hilfsbereitschaft, wie könnte es ein glaubwürdiges und wahrhaftiges Wort sein? Kommt es nicht aus dem Tragen, sondern aus der Ungeduld und dem Geist der Vergewaltigung, wie könnte es das befreiende und heilende Wort sein? Umgekehrt verstummt gerade dort der Mund leicht, wo wirklich gehört, gedient, getragen worden ist. Das tiefe Misstrauen gegen alles, was nur Wort ist, erstickt oft das eigene Wort zum Bruder. Was kann ein ohnmächtiges Menschenwort an einem andern ausrichten? Sollen wir die leeren Reden vermehren? Sollen wir wie die geistlichen Routiniers über die wirkliche Not des Andern hinwegreden? Was ist gefährlicher als Gottes Wort zum Überfluss zu reden, wiederum, wer will es verantworten, geschwiegen zu haben, wo er hätte reden sollen? Wie viel leichter ist das geordnete Wort auf der Kanzel als dieses gänzlich freie, zwischen der Verantwortung zum Schweigen und zum Reden stehende Wort?

Zu der Furcht vor der eigenen Verantwortung zum Wort tritt die Furcht vor dem Andern hinzu. Was kostet es oft, den Namen Jesus Christus selbst einem Bruder gegenüber über die Lippen zu bringen. Es vermischt sich auch hier Richtiges und Falsches. Wer darf in den Nächsten eindringen? Wer hat Anspruch darauf, ihn zu stellen, zu treffen, ihn auf das Letzte hin anzureden? Es wäre kein Zeichen großer christlicher Einsicht, wollte man hier einfach sagen, jeder habe diesen Anspruch, ja diese Verpflichtung. Der Geist der Vergewaltigung könnte sich hier in bösester Weise wieder einnisten. Der Andere hat in der Tat sein eigenes Recht, seine eigene Verantwortung und auch seine eigene Pflicht, sich gegen unbefugte Eingriffe zu wehren. Der Andere hat sein eigenes Geheimnis, das nicht angetastet werden darf ohne großen Schaden, das er nicht preisgeben darf, ohne sich selbst zu zerstören. Es ist nicht ein Geheimnis des Wissens oder Fühlens, sondern das Geheimnis seiner Freiheit, seiner Erlösung, seines Seins. Und doch liegt diese rechte Erkenntnis in so gefährlicher Nähe des mörderischen Kainswortes: „Soll ich meines Bruders Hüter sein?" Die scheinbar geistlich begründete Respektierung der Freiheit des Andern kann unter dem Fluche des Gotteswortes stehen: „Sein

Blut will ich von deiner Hand fordern“ (Hes 3,18).

Wo Christen zusammenleben, muss es irgendwann und irgendwie dazu kommen, dass einer dem andern persönlich Gottes Wort und Willen bezeugt. Es ist undenkbar, dass von den Dingen, die jedem Einzelnen die wichtigsten sind, nicht auch brüderlich gesprochen werden sollte. Es ist unchristlich, wenn einer dem Andern den entscheidenden Dienst wissentlich versagt. Will das Wort nicht über die Lippen, so werden wir uns zu prüfen haben, ob wir unseren Bruder nicht doch nur in seiner Menschenwürde sehen, die wir nicht anzutasten wagen und darüber das Wichtigste vergessen, dass auch er, er sei so alt, so hochgestellt, so bedeutend wie er wolle, ein Mensch ist wie wir, der als Sünder nach Gottes Gnade schreit, der seine großen Nöte hat wie wir, der Hilfe, Trost und Vergebung braucht wie wir. Es ist die Grundlage, auf der Christen miteinander reden können, dass einer den Andern als Sünder weiß, der in aller seiner Menschenehre verlassen und verloren ist, wenn ihm nicht geholfen wird. Das bedeutet keine Verächtlichmachung, keine Verunehrung des Andern; vielmehr wird hier dem Andern die einzige wirkliche Ehre erwiesen, die der Mensch hat, dass er nämlich als Sünder an Gottes Gnade und Herrlichkeit teilhaben soll, dass er Gottes Kind ist. Diese Erkenntnis gibt dem brüderlichen Wort die nötige Freiheit und Offenheit. Wir reden einander auf die Hilfe an, die wir beide brauchen. Wir ermahnen einander zu dem Weg, den Christus uns gehen heißt. Wir warnen einander vor dem Ungehorsam, der unser Verderben ist. Wir sind sanft und wir sind hart gegeneinander, denn wir wissen von Gottes Güte und von Gottes Ernst. Warum sollten wir uns voreinander fürchten, da wir beide doch nur Gott zu fürchten haben? Warum sollten wir meinen, der Bruder würde uns nicht verstehen, da wir es doch sehr gut verstanden, als irgendeiner uns, vielleicht mit ungeschickten Worten, Gottes Trost oder Gottes Ermahnung gesagt hat? Oder glauben wir etwa, es gäbe einen einzigen Menschen, der weder der Tröstung noch der Ermahnung bedürftig wäre? Warum hat uns Gott dann wohl die christliche Bruderschaft geschenkt?

Je mehr wir lernen, uns selbst das Wort vom Andern sagen zu lassen, auch harte Vorwürfe und Ermahnungen demütig und dankbar anzunehmen, desto freier und sachlicher werden wir zum eigenen Wort. Wer selbst in Empfindlichkeit und Eitelkeit das ernste brüderliche Wort ablehnt, der kann auch dem Andern nicht in Demut die Wahrheit sagen, weil er die Ablehnung fürchtet und sich dadurch wieder selbst verletzt fühlt. Der Empfindliche wird immer zum Schmeichler und damit alsbald zum Verachter und Verleumder seines Bruders. Der Demütige aber bleibt zugleich an der Wahrheit und an der Liebe. Er bleibt am Worte Gottes und lässt sich von ihm zum Bruder führen. Weil er nichts für sich sucht und fürchtet, kann er durch das Wort dem Andern helfen.

Unerlässlich, weil von Gottes Wort geboten, ist die Zurechtweisung dort, wo der Bruder in offenbare Sünde fällt. Im engsten Kreise beginnt die Übung der Zucht der Gemeinde. Wo der Abfall vom Worte Gottes in Lehre oder Leben die häusliche Gemeinschaft und damit die ganze Gemeinde gefährdet, dort muss das ermahnende und strafende Wort gewagt werden.

Nichts kann grausamer sein als jene Milde, die den Andern seiner Sünde überlässt. Nichts kann barmherziger sein als die harte Zurechtweisung, die den Bruder vom Wege der Sünde zurückruft. Es ist ein Dienst der Barmherzigkeit, ein letztes Angebot echter Gemeinschaft, wenn wir allein Gottes Wort zwischen uns stehen lassen, richtend und helfend. Nicht wir richten dann, Gott allein richtet und Gottes Gericht ist hilfreich und heilsam. Wir können bis zuletzt dem Bruder nur dienen, uns niemals über ihn erheben, wir dienen ihm auch dort noch, wo wir ihm das richtende und trennende Wort Gottes sagen, wo wir im Gehorsam gegen Gott die Gemeinschaft mit ihm aufheben. Wir wissen ja, es ist nicht unsere menschliche Liebe, mit der wir dem Andern unsere Treue halten, sondern es ist Gottes Liebe, die nur durch das Gericht hindurch zu den Menschen kommt. Indem Gottes Wort richtet, dient es selbst den Menschen. Wer sich mit Gottes Gericht dienen lässt, dem ist geholfen. Hier ist der Ort, an dem die Grenzen allen menschlichen Handelns am Bruder deutlich werden: „Kann doch einen Bruder niemand erlösen, noch ihn Gott versöhnen; denn es kostet zuviel, ihre Seele zu erlösen. Man muss es anstehen lassen ewiglich" (Ps 49,8f). Dieser Verzicht auf das eigene Vermögen ist gerade die Voraussetzung und die Bestätigung für die erlösende Hilfe, die Gottes Wort allein dem Bruder geben kann. Wir haben die Wege des Bruders nicht in der Hand, wir können nicht zusammenhalten, was zerbrechen will, wir können nicht am Leben erhalten, was sterben will. Aber Gott verbindet im Zerbrechen, schafft Gemeinschaft in der Trennung, gibt Gnade durch Gericht. Sein Wort aber hat er in unseren Mund gelegt. Durch uns will er es gesagt haben. Hindern wir sein Wort, so kommt das Blut des sündigen Bruders auf uns. Richten wir sein Wort aus, so will Gott durch uns unseren Bruder retten. „Wer einen Sünder bekehrt hat von dem Irrtum seines Weges, der wird eine Seele vom Tode erretten und wird die Menge der Sünden bedecken" (Jak 5,20).

„Wer unter euch will groß werden, der soll euer Diener sein" (Mk 10,43). Jesus hat alle Autorität in der Gemeinschaft an den brüderlichen Dienst gebunden. Echte geistliche Autorität gibt es nur, wo der Dienst des Hörens, Helfens, Tragens und Verkündigens erfüllt wird. Jeder Personenkult, der sich auf bedeutende Eigenschaften, auf hervorragende Fähigkeiten, Kräfte, Begabungen eines Andern – und seien sie durchaus geistlicher Art – erstreckt, ist weltlich und hat in der christlichen Gemeinde keinen Raum, ja er vergiftet sie. Das heute so oft gehörte Verlangen nach den „bischöflichen Gestalten", nach den „priesterlichen Menschen", nach „vollmächtigen Persönlichkeiten" entspringt oft genug dem geistlich kranken Bedürfnis nach Bewunderung von Menschen, nach Aufrichtung sichtbarer Menschenautorität, weil die echte Autorität des Dienstes zu gering erscheint. Nichts widerspricht solchem Verlangen schärfer als das Neue Testament selbst in seiner Schilderung des Bischofs (1Tim 3,1ff.). Hier ist nichts von dem Zauber menschlicher Begabungen, von den glänzenden Eigenschaften einer geistlichen Persönlichkeit zu finden. Der Bischof ist der schlichte, in Glauben und Leben gesunde treue Mann, der seinen Dienst an der Gemeinde recht versieht. Seine Autorität liegt in der Ausrichtung seines Dienstes. Am Menschen selbst ist nichts zu bewundern. Die Sucht nach unechter Autorität will zuletzt doch wieder irgendeine Unmittelbarkeit, eine Menschenbindung in der Kirche aufrichten. Echte Autorität weiß, dass alle Unmittelbarkeit gerade in Sachen der Autorität unheilvoll ist, dass sie nur im Dienste dessen bestehen kann, der allein Autorität hat. Echte Autorität weiß sich im strengsten Sinne gebunden an das Wort Jesu: „Einer ist euer Meister, Christus; ihr aber seid alle Brüder" (Mt 23,8). Die Gemeinde braucht nicht glänzende Persönlichkeiten, sondern treue Diener Jesu und der Brüder. Es fehlt ihr auch nicht an jenen, sondern an diesen. Die Gemeinde wird ihr Vertrauen nur dem schlichten Diener des Wortes Jesu schenken, weil sie weiß, dass sie hier nicht nach Menschenweisheit und Menschendünkel, sondern mit dem Worte des guten Hirten geleitet wird. Die geistliche Vertrauensfrage, die mit der Autoritätsfrage in so engem Zusammenhang steht, entscheidet sich an der Treue, mit der einer im Dienste Jesu Christi steht, niemals aber an den außerordentlichen Gaben, über die er verfügt. Seelsorgerliche Autorität kann nur der Diener Jesu finden, der keine eigene Autorität sucht, der selbst unter die Autorität des Wortes gebeugt ein Bruder unter Brüdern ist.

BEICHTE UND ABENDMAHL

Bekennet einer dem andern seine Sünden“ (Jak 5,16). Wer mit seinem Bösen allein bleibt, der bleibt ganz allein. Es kann sein, dass Christen trotz gemeinsamer Andacht, gemeinsamen Gebetes, trotz aller Gemeinschaft im Dienst allein gelassen bleiben, dass der letzte Durchbruch zur Gemeinschaft nicht erfolgt, weil sie zwar als Gläubige, als Fromme Gemeinschaft miteinander haben, aber nicht als die Unfrommen, als die Sünder. Die fromme Gemeinschaft erlaubt es ja keinem, Sünder zu sein. Darum muss jeder seine Sünde vor sich selbst und vor der Gemeinschaft verbergen. Wir dürfen nicht Sünder sein. Unausdenkbar das Entsetzen vieler Christen, wenn auf einmal ein wirklicher Sünder unter die Frommen geraten wäre. Darum bleiben wir mit unserer Sünde allein, in der Lüge und der Heuchelei; denn wir sind nun einmal Sünder.

Es ist aber die Gnade des Evangeliums, die für den Frommen so schwer zu begreifen ist, dass es uns in die Wahrheit stellt und sagt: Du bist ein Sünder, ein großer heilloser Sünder, und nun komm als dieser Sünder, der du bist, zu deinem Gott, der dich liebt. Er will dich so, wie du bist, er will nicht irgendetwas von dir, ein Opfer, ein Werk, sondern er will allein dich. „Gib mir, mein Sohn, dein Herz“ (Spr 23,26). Gott ist zu dir gekommen, um den Sünder selig zu machen. Freue dich! Diese Botschaft ist Befreiung durch Wahrheit. Vor Gott kannst du dich nicht verbergen. Vor ihm nützt die Maske nichts, die du vor den Menschen trägst. Er will dich sehen wie du bist, und er will dir gnädig sein. Du brauchst dich selbst und deinen Bruder nicht mehr zu belügen, als wärest du ohne Sünde, du darfst ein Sünder sein, danke Gott dafür; denn er liebt den Sünder, aber er hasst die Sünde.

Christus wurde unser Bruder im Fleisch, damit wir ihm glaubten. In ihm war die Liebe Gottes zu dem Sünder gekommen. Vor ihm durften die Menschen Sünder sein und nur so wurde ihnen geholfen. Aller Schein hatte vor Christus ein Ende. Das Elend des Sünders und die Barmherzigkeit Gottes, das war die Wahrheit des Evangeliums in Jesus Christus. In dieser Wahrheit sollte seine Gemeinde leben. Darum gab er den Seinen die Vollmacht, das Bekenntnis der Sünde zu hören und die Sünde in seinem Namen zu vergeben. „Welchen ihr die Sünden vergebt, denen sind sie vergeben, welchen ihr sie behaltet, denen sind sie behalten“ (Joh 20,23).

Damit hat Christus uns die Gemeinde und in ihr den Bruder zur Gnade gemacht. Er steht nun an Christi statt. Vor ihm brauche ich nicht mehr zu heucheln. Vor ihm allein in der ganzen Welt darf ich der Sünder sein, der ich bin; denn hier regiert die Wahrheit Jesu Christi und seine Barmherzigkeit. Christus wurde unser Bruder, um uns zu helfen; nun ist durch ihn unser Bruder für uns zum Christus geworden in der Vollmacht seines Auftrages. Der Bruder steht vor uns als das Zeichen der Wahrheit und der Gnade Gottes. Er ist uns zur Hilfe gegeben. Er hört unser Sündenbekenntnis an Christi statt, und er vergibt uns unsere Sünde an Christi statt. Er bewahrt das Geheimnis unserer Beichte, wie Gott es bewahrt. Gehe ich zur brüderlichen Beichte, so gehe ich zu Gott.

So ergeht in der christlichen Gemeinschaft der Ruf zur brüderlichen Beichte und Vergebung als zu der großen Gnade Gottes in der Gemeinde.

In der Beichte geschieht der *Durchbruch zur Gemeinschaft.* Die Sünde will mit dem Menschen allein sein. Sie entzieht ihn der Gemeinschaft. Je einsamer der Mensch wird, desto zerstörender wird die Macht der Sünde über ihn, und je tiefer wieder die Verstrickung, desto heilloser die Einsamkeit. Sünde will unerkannt bleiben. Sie scheut das Licht. Im Dunkel des Unausgesprochenen vergiftet sie das ganze Wesen des Menschen. Das kann mitten in der frommen Gemeinschaft geschehen. In der Beichte bricht das Licht des Evangeliums in die Finsternis und Verschlossenheit des Herzens hinein. Die Sünde muss ans Licht. Das Unausgesprochene wird offen gesagt und bekannt. Alles Heimliche und Verborgene kommt nun an den Tag. Es ist ein harter Kampf, bis die Sünde im Geständnis über die Lippen kommt. Aber Gott zerbricht eherne Türen und eiserne Riegel (Ps 107,16). Indem das Sündenbekenntnis im Angesicht des christlichen Bruders geschieht, wird die letzte Festung der Selbstrechtfertigung preisgegeben. Der Sünder liefert sich aus, er gibt all sein Böses hin, er gibt sein Herz Gott, und er findet die Vergebung aller seiner Sünde in der Gemeinschaft Jesu Christi und des Bruders. Die ausgesprochene, bekannte Sünde hat alle Macht verloren. Sie ist als Sünde offenbar geworden und gerichtet. Sie vermag die Gemeinschaft nicht mehr zu zerreißen. Nun trägt die Gemeinschaft die Sünde des Bruders. Er ist mit seinem Bösen nicht mehr allein, sondern er hat sein Böses mit der Beichte „abgelegt", Gott hingegeben. Es ist ihm abgenommen. Nun steht er in der Gemeinschaft der Sünder, die von der Gnade Gottes im Kreuze Jesu Christi leben. Nun darf er Sünder sein und doch der Gnade Gottes froh werden. Er darf seine Sünden bekennen und gerade darin erst Gemeinschaft finden. Die verborgene Sünde trennte ihn von der Gemeinschaft, machte alle scheinbare Gemeinschaft unwahr, die bekannte Sünde half ihm zur wahren Gemeinschaft mit den Brüdern in Jesus Christus.

Dabei ist hier allein von der Beichte zwischen zwei Christen die Rede. Um die Gemeinschaft mit der ganzen Gemeinde wieder zu finden, bedarf es nicht eines Sündenbekenntnisses vor allen Gemeindegliedern. In dem einen Bruder, dem ich meine Sünde bekenne und der mir meine Sünden vergibt, begegnet mir schon die ganze Gemeinde. In der Gemeinschaft, die ich mit dem einen Bruder finde, ist mir schon die Gemeinschaft der ganzen Gemeinde geschenkt; denn hier handelt ja keiner im eigenen Auftrag und in eigener Vollmacht, sondern im Auftrag Jesu Christi, der der ganzen Gemeinde gilt, und den der Einzelne nur auszuführen berufen ist. Steht ein Christ in der Gemeinschaft der brüderlichen Beichte, so ist er nirgends mehr allein.

In der Beichte geschieht der *Durchbruch zum Kreuz*. Die Wurzel aller Sünde ist der Hochmut, die superbia. Ich will für mich sein, ich habe ein Recht auf mich selbst, auf meinen Hass und meine Begierde, auf mein Leben und auf meinen Tod. Geist und Fleisch des Menschen sind von Hochmut entzündet; denn der Mensch will gerade in seinem Bösen sein wie Gott. Die Beichte vor dem Bruder ist tiefste Demütigung, sie tut weh, sie macht gering, sie schlägt den Hochmut furchtbar nieder. Vor dem Bruder als Sünder dazustehen, ist kaum zu ertragende Schmach. Im Bekenntnis konkreter Sünden stirbt der alte Mensch unter Schmerzen einen schmachvollen Tod vor den Augen des Bruders. Weil diese Demütigung so schwer ist, meinen wir immer wieder, der Beichte vor dem Bruder ausweichen zu können. Unsere Augen sind so verblendet, dass sie die Verheißung und die Herrlichkeit solcher Erniedrigung nicht mehr sehen. Es ist ja kein anderer als Jesus Christus selbst, der den Schandtod des Sünders an unserer Stelle in aller Öffentlichkeit erlitten hat, er schämte sich nicht, als Übeltäter für uns gekreuzigt zu werden, und es ist ja nichts anderes als unsere Gemeinschaft mit Jesus Christus, die uns in das schmachvolle Sterben der Beichte hineinführt, damit wir in Wahrheit teilhaben an seinem Kreuz. Das Kreuz Jesu Christi macht allen Hochmut zunichte. Wir können das Kreuz Jesu nicht finden, wenn wir uns scheuen dorthin zu gehen, wo er sich finden lässt, nämlich zum öffentlichen Sterben des Sünders, und wir weigern uns, das Kreuz zu tragen, wenn wir uns schämen, den schmachvollen Tod des Sünders in der Beichte auf uns zu nehmen. In der

Beichte brechen wir durch zur echten Gemeinschaft des Kreuzes Jesu Christi, in der Beichte bejahen wir unser Kreuz. In dem tiefen geistlich-leiblichen Schmerz der Demütigung vor dem Bruder, das heißt ja: vor Gott, erfahren wir das Kreuz Jesu als unsere Rettung und Seligkeit. Der alte Mensch stirbt, aber über ihn hat Gott gesiegt. Nun haben wir teil an der Auferstehung Christi und am ewigen Leben.

In der Beichte geschieht der *Durchbruch zum neuen Leben.* Wo Sünde gehasst, bekannt und vergeben ist, dort ist der Bruch mit der Vergangenheit vollzogen. „Das Alte ist vergangen." Wo aber mit der Sünde gebrochen ist, dort ist Bekehrung. Beichte ist Bekehrung. „Siehe, es ist alles neu geworden" (2Kor 5,17). Christus hat einen neuen Anfang mit uns gemacht. Wie die ersten Jünger auf Jesu Ruf alles hinter sich ließen und ihm nachfolgten, so gibt der Christ in der Beichte alles hin und folgt nach. Beichte ist Nachfolge. Das Leben mit Jesus Christus und seiner Gemeinde hat angefangen. „Wer seine Missetat leugnet, dem wird es nicht gelingen. Wer sie aber bekennt *und lässt,* der wird Barmherzigkeit erlangen" (Spr 28,13). In der Beichte fängt der Christ an, seine Sünde zu lassen. Ihre Herrschaft ist gebrochen. Von nun an erficht der Christ Sieg um Sieg. Was in der Taufe an uns geschah, das wird uns in der Beichte neu geschenkt. Wir sind errettet aus der Finsternis ins Reich Jesu Christi. Das ist Freudenbotschaft. Die Beichte ist die Erneuerung der Tauffreude. „Den Abend lang währt das Weinen, aber des Morgens ist Freude" (Ps 30,6).

In der Beichte geschieht der *Durchbruch zur Gewissheit.* Woran liegt es, dass uns oft das Sündenbekenntnis vor Gott leichter wird als vor dem Bruder? Gott ist heilig und ohne Sünde, er ist ein gerechter Richter des Bösen und ein Feind alles Ungehorsams. Der Bruder aber ist sündig wie wir, er kennt die Nacht der heimlichen Sünde aus eigner Erfahrung. Sollten wir nicht den Weg zum Bruder leichter finden als zum heiligen Gott? Steht es bei uns aber anders, so müssen wir uns fragen, ob wir uns mit unserm Sündenbekenntnis vor Gott nicht oftmals selbst getäuscht haben, ob wir nicht vielmehr uns selbst unsere Sünden bekannten und sie uns auch selbst vergaben? Und haben nicht die unzähligen Rückfälle, hat nicht die Kraftlosigkeit unseres christlichen Gehorsams vielleicht eben darin ihren Grund, dass wir aus einer Selbstvergebung und nicht aus der wirklichen Vergebung unserer Sünde leben? Selbstvergebung kann niemals zum Bruch mit der Sünde führen, das kann nur das richtende und begnadigende Wort Gottes selbst. Wer schafft uns hier Gewissheit, dass wir es im Bekenntnis und in der Vergebung unserer Sünden nicht mit uns selbst zu tun haben, sondern mit dem lebendigen Gott? Diese Gewissheit schenkt uns Gott durch den Bruder. Der Bruder zerreißt den Kreis der Selbsttäuschung. Wer vor dem Bruder seine Sünden bekennt, der weiß, dass er hier nicht mehr bei sich selbst ist, der erfährt in der Wirklichkeit des Andern die Gegenwart Gottes. Solange ich im Bekenntnis meiner Sünden bei mir selbst bin, bleibt alles im Dunkeln, dem Bruder gegenüber muss die Sünde ans Tageslicht. Weil aber die Sünde einmal doch ans Licht muss, darum ist es besser, es geschieht heute zwischen mir und dem Bruder, als dass es am letzten Tag in der Helle des Jüngsten Gerichtes geschehen muss. Es ist Gnade, dass wir dem Bruder unsere Sünden bekennen dürfen. Es ist Verschonung vor den Schrecken des letzten Gerichtes. Dazu ist mir der Bruder gegeben, dass ich durch ihn schon hier der Wirklichkeit Gottes gewiss werde in seinem Gericht und in seiner Gnade. Wie das Bekenntnis meiner Sünde dort dem Selbstbetrug entzogen wird, wo es vor dem Bruder geschieht, so ist auch die Zusage der Vergebung mir erst dort ganz gewiss, wo sie der Bruder mir im Auftrag und im Namen Gottes zuspricht. Um der Gewissheit der göttlichen Vergebung willen ist uns die brüderliche Beichte von Gott geschenkt.

Um eben dieser Gewissheit willen aber geht es in der Beichte um das Bekenntnis *konkreter* Sünden. Mit allgemeinen Sündenbekenntnissen pflegen sich die Menschen selbst zu rechtfertigen. Die völlige Verlorenheit und Verdorbenheit der menschlichen Natur erfahre ich an meinen bestimmten Sünden, sofern sie überhaupt in meine Erfahrung eingeht. Die Prüfung an allen zehn Geboten wird darum die rechte Vorbereitung für die Beichte sein. Es könnte sonst geschehen, dass ich auch in der brüderlichen Beichte noch zum Heuchler werde und dass mir der Trost fernbleibt. Jesus hatte es mit Menschen zu tun, deren Sünden offenbar waren, mit Zöllnern und mit Dirnen. Sie wussten, wofür sie Vergebung brauchten, und sie empfingen sie als Vergebung ihrer besonderen Sünde. Den Blinden Bartimäus fragt Jesus: „Was willst du, dass ich dir tun soll?" Auf diese Frage müssen wir vor der Beichte klare Antwort wissen. Auch wir empfangen in der Beichte die Vergebung bestimmter Sünden, die hier ans Licht kommen, und eben darin die Vergebung aller unserer Sünde, der erkannten und der unerkannten.

Heißt das alles, dass die brüderliche Beichte ein göttliches Gesetz ist? Die Beichte ist kein Gesetz, sondern sie ist ein Angebot göttlicher Hilfe für den Sünder. Es kann sein, dass einer ohne die brüderliche Beichte zur Gewissheit, zum neuen Leben, zum Kreuz und zur Gemeinschaft durchbricht durch Gottes Gnade. Es könnte ja sein, dass einer den Zweifel an der Vergebung und an seinem Sündenbekenntnis niemals kennenlernt, dass ihm in der einsamen Beichte vor Gott alles geschenkt wird. Wir haben hier für die gesprochen, die das von sich nicht bekennen können. Luther selbst gehörte zu denen, die sich ihr christliches Leben ohne die brüderliche Beichte nicht mehr denken konnten. Im Großen Katechismus hat er gesagt: „Darum, wenn ich zur Beichte vermahne, so vermahne ich dazu, ein Christ zu sein." Denen, die trotz allen Suchens und Mühens die große Freude der Gemeinschaft, des Kreuzes, des neuen Lebens und der Gewissheit nicht finden können, soll das göttliche Angebot gezeigt werden, das uns in der brüderlichen Beichte gemacht ist. Die Beichte steht in der Freiheit des Christen. Aber wer wird eine Hilfe, die Gott anzubieten für nötig gehalten hat, ohne Schaden ausschlagen?

Wem sollen wir die Beichte ablegen? Jeder christliche Bruder darf nach der Verheißung Jesu dem andern zum Beichthörer werden. Wird er uns aber verstehen? Steht er nicht vielleicht in seinem christlichen Leben so hoch über uns, dass er sich gerade von unserer persönlichen Sünde nur verständnislos abwenden kann? Wer unter dem Kreuze Jesu lebt, wer im Kreuze Jesu die tiefste Gottlosigkeit aller Menschen und des eignen Herzens erkannt hat, dem ist keine

Sünde mehr fremd; wer vor der Furchtbarkeit der eignen Sünde, die Jesus ans Kreuz schlug, einmal erschrocken ist, der erschrickt auch vor der schwersten Sünde des Bruders nicht mehr. Er kennt das menschliche Herz aus dem Kreuz Jesu. Er weiß, wie es gänzlich verloren ist in Sünde und Schwachheit, wie es sich verirrt auf den Wegen der Sünde, und er weiß auch, wie es angenommen ist in Gnade und Barmherzigkeit. Allein der Bruder unter dem Kreuz kann meine Beichte hören. Nicht Lebenserfahrung, sondern Kreuzeserfahrung macht den Beichthörer. Der erfahrenste Menschenkenner weiß unendlich viel weniger vom menschlichen Herzen als der schlichteste Christ, der unter dem Kreuz Jesu lebt. Die größte psychologische Einsicht, Begabung, Erfahrung vermag ja das eine nicht zu begreifen: was Sünde ist. Sie weiß von Not, von Schwachheit und Versagen, aber sie kennt die Gottlosigkeit des Menschen nicht. Darum weiß sie auch nicht, dass der Mensch allein an seiner Sünde zugrunde geht und allein durch Vergebung heil werden kann. Das weiß nur der Christ. Vor dem Psychologen darf ich nur krank sein, vor dem christlichen Bruder darf ich Sünder sein. Der Psychologe muss mein Herz erst erforschen und findet doch nie den tiefsten Grund; der christliche Bruder weiß: da kommt ein Sünder wie ich, ein Gottloser, der beichten will und Gottes Vergebung begehrt. Der Psychologe sieht mich an, als wäre kein Gott, der Bruder sieht mich vor dem richtenden und barmherzigen Gott im Kreuz Jesu Christi. Es ist nicht Mangel an psychologischen Kenntnissen, sondern Mangel an Liebe zu dem gekreuzigten Jesus Christus, wenn wir so armselig und untauglich sind für die brüderliche Beichte. Im täglichen ernsten Umgang mit dem Kreuz

Christi vergeht dem Christen der Geist menschlichen Richtens und schwächlicher Nachsicht, er empfängt den Geist des göttlichen Ernstes und der göttlichen Liebe. Der Tod des Sünders vor Gott und das Leben aus dem Tode durch Gnade wird ihm tägliche Wirklichkeit. So liebt er die Brüder mit der barmherzigen Liebe Gottes, die durch den Tod des Sünders zum Leben des Kindes Gottes führt. Wer kann unsere Beichte hören? Wer selbst unter dem Kreuz lebt. Wo das Wort vom Gekreuzigten lebendig ist, dort wird auch brüderliche Beichte sein.

Vor zwei Gefahren muss die christliche Gemeinschaft, die die Beichte übt, sich hüten. Die erste geht den Beichthörer an. Es ist nicht gut, wenn einer der Beichthörer für alle andern ist. Allzu leicht wird ein einzelner überlastet, wird ihm so die Beichte zur leeren Handlung und entsteht daraus der unheilvolle Missbrauch der Beichte zur Ausübung geistlicher Gewaltherrschaft über die Seelen. Um dieser unheimlichsten Gefahr der Beichte nicht zu erliegen, hüte sich jeder, die Beichte zu hören, der sie nicht selbst übt. Nur der Gedemütigte kann ohne Schaden für sich selbst die Beichte des Bruders hören. Die zweite Gefahr geht den Beichtenden an. Er bewahre seine Seele um ihres Heiles willen davor, dass seine Beichte jemals zu einem frommen Werk wird. Dann nämlich wird sie die letzte, abscheulichste, heilloseste, unkeuscheste Preisgabe des Herzens, sie wird zum wollüstigen Geschwätz. Die Beichte als frommes Werk ist ein Gedanke des Teufels. Ganz allein auf das Angebot der Gnade Gottes, der Hilfe und Vergebung hin dürfen wir uns in den Abgrund der Beichte hineinwagen, allein um der Verheißung der Absolution willen dürfen wir beichten. Beichte als Werk ist der geistliche Tod, Beichte auf Verheißung hin ist Leben. Vergebung der Sünden allein ist Grund und Ziel der Beichte.

So gewiss die Beichte ein in sich geschlossenes Handeln im Namen Christi ist und in der Gemeinschaft so oft geübt wird, wie das Verlangen danach besteht, so dient die Beichte der christlichen Gemeinschaft besonders zur Vorbereitung des gemeinsamen Ganges zum heiligen *Abendmahl*. Versöhnt mit Gott und Menschen wollen die Christen Leib und Blut Jesu Christi empfangen. Es ist das Gebot Jesu, dass keiner mit unversöhntem Herzen gegen seinen Bruder zum Altar komme. Gilt dieses Gebot schon für jeden Gottesdienst, ja für jedes Gebet, so erst recht für den Gang zum Sakrament. Der Tag vor dem gemeinsamen Abendmahl wird die Brüder einer christlichen Gemeinschaft beieinander finden, einer erbittet vom andern Vergebung für begangenes Unrecht. Keiner kann recht bereitet zum Tisch des Herrn gehen, der diesen Gang zum Bruder scheut. Aller Zorn, Streit, Neid, böses Geschwätz und unbrüderliches Handeln muss abgetan sein, wenn die Brüder miteinander die Gnade Gottes im Sakrament empfangen wollen. Doch ist die Abbitte beim Bruder noch nicht Beichte, und nur jene steht unter dem ausdrücklichen Gebot Jesu. Die Bereitung zum Abendmahl wird aber beim Einzelnen auch das Verlangen wachrufen nach voller Gewissheit der Vergebung bestimmter Sünden, die ihn ängsten und quälen, und die nur Gott weiß. Diesem Verlangen wird das Angebot der brüderlichen Beichte und Absolution verkündigt. Wo Angst und Not über die eigne Sünde groß geworden ist, wo Gewissheit der Vergebung gesucht wird, dort wird im Namen Jesu zur brüderlichen Beichte eingeladen. Was Jesus den Vorwurf der Gotteslästerung eintrug, nämlich dass er Sünden vergab, das geschieht nun in der christlichen Bruderschaft in der Kraft der Gegenwart Jesu Christi. Einer vergibt dem andern im Namen Jesu des dreieinigen Gottes alle seine Sünde, und bei den Engeln im Himmel ist Freude über den Sünder, der sich bekehrt. So wird die Vorbereitungszeit vor dem Abendmahl erfüllt sein von brüderlicher Ermahnung, Tröstung, von Gebeten, von Angst und von Freude.

Der Tag des Abendmahls ist für die christliche Gemeinschaft ein Freudentag. Im Herzen versöhnt mit Gott und den Brüdern empfängt die Gemeinde die Gabe des Leibes und Blutes Jesu Christi und in ihr Vergebung, neues Leben und Seligkeit. Neue Gemeinschaft mit Gott und Menschen ist ihr geschenkt. Die Gemeinschaft des heiligen Abendmahls ist die Erfüllung der christlichen Gemeinschaft überhaupt. So wie die Glieder der Gemeinde vereinigt sind in Leib und Blut am Tische des Herrn, so werden sie in Ewigkeit beieinander sein. Hier ist die Gemeinschaft am Ziel. Hier ist die Freude an Christus und seiner Gemeinde vollkommen. Das gemeinsame Leben der Christen unter dem Wort ist im Sakrament zu seiner Erfüllung gekommen.

ÜBER DEN AUTOR

Dietrich Bonhoeffer (* 4. Februar 1906 in Breslau; † 9. April 1945 im KZ Flossenbürg) war ein lutherischer Theologe, profilierter Vertreter der Bekennenden Kirche und am deutschen Widerstand gegen den Nationalsozialismus beteiligt.

Mit 24 Jahren habilitiert, wurde Bonhoeffer nach Auslandsaufenthalten Privatdozent für Evangelische Theologie in Berlin sowie Jugendreferent in der Vorgängerorganisation des Ökumenischen Rates der Kirchen. Ab April 1933 nahm er öffentlich Stellung gegen die nationalsozialistische Judenverfolgung und engagierte sich im Kirchenkampf gegen die Deutschen Christen und den Arierparagraphen im Berufsbeamtengesetz. Ab 1935 leitete er das Predigerseminar der Bekennenden Kirche in Finkenwalde, das, später illegal, bis 1940 bestand. Etwa ab 1938 schloss er sich dem Widerstand um Wilhelm Franz Canaris an. 1940 erhielt er Redeverbot und 1941 Schreibverbot. Am 5. April 1943 wurde er verhaftet und zwei Jahre später auf ausdrücklichen Befehl Adolf Hitlers als einer der letzten NS-Gegner, die mit dem Attentat vom 20. Juli 1944 in Verbindung gebracht wurden, hingerichtet.

Als gegenüber seinen Lehrern eigenständiger Theologe betonte Bonhoeffer die Gegenwart Jesu Christi in der weltweiten Gemeinschaft der Christen, die Bedeutung der Bergpredigt und Nachfolge Jesu und die Übereinstimmung von Glauben und Handeln, die er persönlich vorlebte, insbesondere in der Zeit des Nationalsozialismus. In seinen Gefängnisbriefen entwickelte er einflussreiche, wenn auch fragmentarische Gedanken für eine künftige Ausrichtung der Kirche nach außen in Solidarität mit den Bedürftigen und zu einer nichtreligiösen Interpretation von Bibel, kirchlicher Tradition und Gottesdienst.

Made in the USA
Middletown, DE
05 May 2022